DIETA WEDŁUG
PIĘCIU PRZEMIAN

Katarzyna Maria Puchacz

DIETA WEDŁUG PIĘCIU PRZEMIAN

POTRAWY, KTÓRE LECZĄ I ODŻYWIAJĄ

Vital
GWARANCJA ZDROWIA

REDAKCJA: Irena Kloskowska
SKŁAD: Iga Maliszewska
PROJEKT OKŁADKI: Iga Maliszewska

Wydanie I
Białystok 2015
ISBN 978-83-64278-78-5

Vital
GWARANCJA ZDROWIA

15-762 Białystok
ul. Antoniuk Fabr. 55/24
85 662 92 67 – redakcja
85 654 78 06 – sekretariat
85 653 13 03 – dział handlowy – hurt
85 654 78 35 – www.vitalni24.pl – detal
strona wydawnictwa: www.wydawnictwovital.pl
sklep firmowy: Białystok, ul. Antoniuk Fabr. 55/20

Więcej informacji znajdziesz na portalu www.odzywianie24.pl

PRINTED IN POLAND

SPIS TREŚCI

Fitotronika na bis

Oddajemy do Państwa rąk przeredagowane wydanie Fitotroniki, z nadzieją, że jej nowy układ pozwoli na łatwiejsze dotarcie do poszukiwanych treści. Książka została wzbogacona o wskazówki jak konkretne potrawy działają na nasze zdrowie. Dzięki lekturze możemy się teraz nie tylko delektować smakiem przyrządzonych posiłków, lecz zyskać budującą świadomość, że wspomagamy własne zdrowie. Zajadając się, na przykład, pomidorówką możemy z satysfakcją pomlaskiwać nad talerzem zupy, która ma działanie przeciwnowotworowe i bakteriobójcze, obniża poziom cholesterolu, a przy tym wzbogaca nas w szereg związków mineralnych i witamin niezbędnych do prawidłowego funkcjonowania naszego ciała. Wiem co jem, czyli odżywiam się smacznie i zdrowo.

Jak korzystać z tej książki?

W przejrzystym spisie treści znajdziesz rośliny, witaminy i minerały ułożone w logicznych podgrupach. Po krótkim omówieniu danej podgrupy roślin jadalnych, poszczególni jej przedstawiciele są zaprezentowani indywidualnie, najpierw podana jest ich charakterystyka ogólna, a później szczegółowo omówione są ich *właściwości odżywcze i lecznicze*. Następnie podany jest przepis kulinarny, czyli propozycja praktycznego zastosowania danej rośliny. Zaraz za nim plasują się nowe treści, ukazujące co wzmacniamy i leczymy jedząc daną potrawę (patrz przykład powyżej).

Novum jest również, zamieszczony pod koniec książki, indeks przepisów i zastosowania roślin jadalnych oraz indeks schorzeń i panaceutyków. Ten pierwszy ma nam pomóc szybko odnaleźć w książce daną recepturę, ten drugi zawiera odsyłacze do przepisów, które działają wspomagająco przy leczeniu danych dolegliwości. I tu trzeba wykazać nieco cierpliwości, każdy przepis został opatrzony numerem (patrz indeks przepisów), by odnaleźć antidotum na to, co nam doskwiera kierujemy się numerkami, a następnie lokalizujemy je w tekście.

Na przykład, jeśli cierpię na nerwicę wegetatywną, indeks schorzeń podaje receptury o numerach 11.27-11.23, 11.33, notuję je więc na karteczce i sprawdzam w indeksie przepisów co się pod nimi kryje. Tu odkrywam, że są to: letnie napoje z melisy, odwar z ziela melisy, wino melisowe, listki ziela melisy, pachnące bukiety z zielem melisy, relaksujące kąpiele z zielem melisy, świeże listki mięty, a także wiem już, na jakiej stronie mogę je znaleźć. Poczem po wyborze stosownej kuracji, prędziutko gromadzę niezbędne ingredjencje, sporządzam wino melisowe, którym już po paru dniach raczę się w celach leczniczych, z przyjemnością doceniając walory smakowe wybornego trunku. Podobnie posługujemy się książką w przypadku innych dolegliwości.

Na końcu książki zamieszczone są również tabele z energetycznym przyporządkowaniem produktów spożywczych. Jeśli komponujemy posiłki zgodnie z prawidłami kuchni Pięciu Przemian, możemy tu sprawdzić jaką jakość energetyczną ma dany składnik – do jakiej należy przemiany i czy wykazuje właściwości ochładzające, odświeżające, ogrzewające czy też gorące.

Życzymy Państwu przyjemnej lektury i jeszcze przyjemniejszego korzystania na co dzień z zawartych w niej treści.

WSTĘP

Jeśli rzecz ujmiemy chronologicznie, to niewątpliwie raczej ludzie towarzyszą roślinom niż odwrotnie. Jak wszyscy wiemy istnienie życia na Ziemi zależy od ich egzystencji. Korzystamy z roślin wszechstronnie i raczej nie wyobrażamy sobie bez nich istnienia. Najważniejsze rośliny zostały udomowione przed kilkunastoma tysiącami lat, od tego czasu pojawiły się różne odmiany czasem tylko odlegle przypominające przodków. Prawdą jest natomiast, że im roślina bardziej zbliżona do swego pierwowzoru, tym łatwiejsza jest jej uprawa – o ile oczywiście nie będziemy się upierać przy ogródku będącym spełnionym snem perfekcjonisty.

Książka ta na pewno nie jest kompendium wiedzy o wszystkich możliwych roślinach. Jest to niewątpliwie książka stronnicza i nieobiektywna. Opisuję w niej rośliny, które znam, lubię i z których właściwości chętnie korzystam. Te rośliny, które uprawiamy opisuję dokładniej podając też warunki uprawy, zbioru i przechowywania.

Podawane przepisy są opracowane według zasad dietetyki energetycznej Pięciu Przemian medycyny chińskiej, stąd nie należy w nich nic zmieniać, bo wówczas zmianie ulega energetyka potrawy i jej działanie lecznicze staje się znacznie mniej skuteczne. Książka ta jest poświęcona roślinom i ich właściwościom a nie dietetyce, dlatego też osoby zainteresowane tym tematem odsyłam do mojej książki o dietetyce energetycznej („Pięć Przemian na polskim stole").

Książka jest podzielona na działy, w których, mam nadzieję, każdy może znaleźć interesujące go rośliny. Starałam się opisywać rośliny najczęściej uprawiane, zadomowione u nas od dawna i mające zastosowanie w naszej kuchni zarówno dawnej regionalnej jak i tradycyjnej. Namawiam do stosowania roślin zapomnianych, dziko rosnących także tych uważanych za chwasty, a mogących wzbogacić nasz jadłospis.

Jeżeli masz możliwość kupuj rośliny uprawiane metodami ekologicznymi, a jeśli masz ogród bądź działkę, to staraj się w miarę możliwości stosować te metody uprawy, dzięki nim, bowiem otrzymujesz rośliny zawierające więcej witamin i minerałów, krótko mówiąc wartościowsze. Ponadto rośliny te znacznie lepiej i dłużej się przechowują oraz są dużo smaczniejsze.

Omawiam rośliny w kolejności przemian od Ziemi poprzez Metal, Wodę, Drzewo do Ognia, chyba, że cała grupa należy do konkretnej przemiany. Dodam tylko, że przemiana Ziemi odpowiada między innymi za pamięć, koncentrację i masę ciała, przemiana Metalu za uporządkowanie, poczucie sprawiedliwości, ale też i depresje oraz za stan skóry i drogi oddechowe. Przemiana Wody to długowieczność, siła, stan kości, zębów i włosów, przemiana Drzewa to stan wątroby, poziom cholesterolu, waleczność, intuicja, ale też agresja. Przemiana Ognia odpowiada za naukę, ciekawość świata, zdolności językowe, a także stan naczyń krwionośnych i serca. Jest to bardzo pobieżna prezentacja przemian, chciałam pokazać, że rośliny należące do poszczególnych przemian i potrawy do nich należące mają wpływ nie tylko na stan fizyczny, ale też na emocje, charakter, zdolności i zachowania.

Przy podawaniu **naparów ziołowych**, jeśli nie jest to zaznaczone inaczej to napar jest przygotowywany według proporcji: łyżka ziela/korzenia/kwiatu/liści na szklankę wrzątku, następnie pod przykryciem zostawiamy na pół godziny, a po tym czasie można już cedzić napar i pić. Podczas podgrzewania naparów starajmy się nie podgrzewać ich do zbyt wysokiej temperatury, bo picie gorących napojów powoduje rozkład żelaza w naszym organizmie. Jeżeli słodzimy napary miodem, to nie należy przekraczać temperatury 60 stopni Celsjusza, bo zniszczymy enzymy i antybiotyczne właściwości miodu.

Tylko w rozdziałach o przyprawach i owocach opisałam rośliny nie należące do naszej strefy klimatycznej, lecz stosowane dość powszechnie. W planowaniu jadłospisu polecam kierowanie się porami roku i używanie tych roślin, które w sposób naturalny osiągają dojrzałość. Jest to związane z odpowiednim poziomem związków czynnych oraz z maksymalną zawartością innych składników i takie rośliny są dla nas najwartościowsze.

PIĘĆ PRZEMIAN

Żywienie w dziejach ludzkości odgrywało bardzo ważną rolę. Nie będę mówiła o rzeczach tak banalnych, jak ta, że po prostu umożliwiało przetrwanie. Jak głosi stare przysłowie ludów wschodnich: „Żeby być trzeba żyć, a żeby żyć trzeba jeść". Oczywiście szereg ludzi w dziejach traktowało jedzenie w kategoriach przetrwania. Już jednak od czasów najdawniejszych zwracano uwagę na to, że właściwie dobrane pożywienie może być lekiem, a także przyczyniać się do utrzymania zdrowia i osiągnięcia długowieczności. Już Hipokrates zwany ojcem medycyny, zwracał uwagę na ogromną rolę żywienia w profilaktyce chorób.

Na naszym terenie zostały wypracowane określone tradycje żywieniowe, które w skutek zmian cywilizacyjnych oraz licznych zawirowań historii nie zostały przekazane następnym pokoleniom. Jest dobra zasada mówiąca o tym, że jeśli drzwi są otwarte, to należy z nich skorzystać, a niekoniecznie poświęcać czas na wybijanie nowego otworu drzwiowego.

Takim sposobem na prawidłowe odżywianie jest Pięć Przemian medycyny chińskiej. Różnica między medycyną zachodnią a medycyną chińską polega na położeniu większego nacisku na profilaktykę, czyli zapobieganie wystąpieniu konkretnej dolegliwości. Z kolei różnica między dietetyką Pięciu Przemian a dietetyką zachodnią polega na odmiennej koncepcji podejścia do właściwości poszczególnych pokarmów. U nas powszechnie liczy się kalorie, uwzględnia skład witaminowy i mineralny oraz bierze pod uwagę zawartość białek i tłuszczów. W dietetyce według Pięciu Przemian mamy do czynienia z rozważaniem pokarmu jako niosącego konkretną energię i w ten sposób działającego na narządy wewnętrzne. Niemniej i jedna, i druga wiedza uzupełniają się wzajemnie, a ich znajomość umożliwia wszechstronne działanie zarówno pod względem profilaktyki żywieniowej jak i wspomagania leczenia istniejących już chorób.

Dość znaczna liczba osób zapoznała się już z tym tematem poprzez liczne publikacje, część nie wie, o co chodzi, ponieważ już samo sformułowanie dotyczące medycyny chińskiej i żywienia się według jej zasad kojarzy im się z jedzeniem w typie: ryż, wodorosty i psina z budą. Tymczasem z Pięcioma Przemianami jest tak jak z każdą nabywaną wiedzą, to znaczy można przygotować zupę pomidorową, lub też pijawki w cukrze, a zależy to tylko od kucharza.

Podstawową i kardynalną zasadą przygotowywania posiłku według Pięciu Przemian jest zachowanie właściwej kolejności dodawania składników do potrawy. O sile energetycznej i leczniczej decyduje ostatni składnik. W zależności od tego, jaki organ wewnętrzny nam nie domaga, przygotowujemy posiłek, który ma postawić wyżej wzmiankowany narząd na nogi.

Nasz organizm wysyła sygnały, tzw. sygnały wczesnego ostrzegania. Informacje te są na ogół dość subtelne, lecz wyraźne, można je porównać do czegoś w rodzaju petycji systematycznie składanych na ręce dyrekcji. Dyrekcja, jak to dyrekcja, najczęściej nie zwraca na to uwagi i wówczas w efekcie tego lekceważenia pojawia się strajk, co odpowiada powstaniu w naszym organizmie poważnego zaburzenia lub choroby. Oczywiście my wyżej wzmiankowaną hipotetyczną dyrekcją jesteśmy wybitnie oburzeni i zaskoczeni takim obrotem spraw no, bo jak to? Los Wszechświata z przyległościami od nas zależy, a tu wątroba się buntuje lub serce odmawia posłuszeństwa. Nagle okazuje się, że nie stanowisko, nie pieniądze, ani kariera są najważniejsze, tylko zwykłe zdrowie, nagle okazuje się, że trzeba zwracać uwagę na to, co się robi, na to, co się je i pije.

Tu mogą odezwać się głosy, iż dziadek całe życie chleb ze smalcem zjadał, a i wypić lubił, i dożył dziewięćdziesiątki. Nie kwestionuję tu długowieczności dziadka, lecz warunki, w jakich mu przyszło żyć. Czcigodny antenat żył w środowisku znacznie mniej zanieczyszczonym, był o wiele bardziej aktywny fizycznie, na co dzień odżywiał się raczej skąpo i do wyżej wzmiankowanego smalcu zjadał zapewne sporo czosnku i cebuli.

Te czynniki razem, tzn. wyżywienie proporcjonalne do wysiłku fizycznego oraz zjadanie znacznie większych ilości warzyw cebulowych i kiszonek powodowały, że mimo obecności tłuszczów zwierzęcych w diecie, wyżej wzmiankowany dziadek czuł się krzepko do późnych lat. Obecnie, niestety, stres, rosnące zanieczyszczenie środowiska oraz brak ruchu powodują coraz szybsze ujawnianie się schorzeń umownie zwanych cywilizacyjnymi. Wiele możemy zrobić dla własnego zdrowia stosując żywienie dostosowane do naszych potrzeb.

Chcę tutaj podkreślić, że stosując wyżywienie według Pięciu Przemian dostosowujemy sposób żywienia do siebie. Nie ma tu żadnej uniwersalnej diety dla wszystkich, jest natomiast sposób odżywiania właściwy dla danej osoby. Specjalnie użyłam tu sformułowania sposób odżywiania, ponieważ dieta kojarzy nam się na ogół z licznymi wyrzeczeniami. Natomiast przechodząc na żywienie według Pięciu Przemian zjadamy sobie pyszne jedzonko z błogim przeświadczeniem, że pomaga nam zachować zdrowie.

Gotowanie według Pięciu Przemian ma liczne zalety:

- po pierwsze – ze względu na uporządkowanie energetyczne wykazuje znacznie dłuższą trwałość, niż przygotowanie metodą tradycyjną,
- po drugie – ze względu na użycie szeregu przypraw, na ograniczenie soli i tłuszczu jest lekkostrawne,

- po trzecie – potrawy, które przygotowujemy są nam znane, różnią się tylko kolejnością dodawania składników,
- po czwarte – spożywając właściwie zbilansowane posiłki normujemy pracę narządów wewnętrznych,
- po piąte – pozbywamy się różnych dolegliwości nabywając znacznej odporności oraz podnosząc poziom swoich sił życiowych.

Niewątpliwą wadą jest to, że tracimy ulubiony temat konwersacji Polaków, a mianowicie odpada nam opowiadanie o swoich dolegliwościach, bo takowych nie posiadamy. Z tej to przyczyny nie jesteśmy w stanie odpowiednio dramatycznie opowiadać o tym, co nas bolało, dusiło, drętwiało itp. I nasz udział w konwersacji ogranicza się do pełnych zrozumienia pomruków współczucia. I tak zatrącają one nieco hipokryzją, ponieważ osoba, która nawet nie pamięta, kiedy ją ostatnio bolała głowa, z trudnością wczuwa się w cierpienia drugiej osoby.

Podsumowując, żywienie to na pewno nie jest przeznaczone dla osób, które kochają złe samopoczucie i uwielbiają o nim opowiadać. Natomiast te osoby, które chciałyby radośnie podrywać się z łóżka na spotkanie nowego dnia, a o panującej grypie dowiadywać się z telewizji, mogą spróbować tego sposobu odżywiania się. Prawdziwą przyjemnością jest (nie mniej świadczącą o naszym wrednym charakterze) spotykanie różnych znajomych z lat młodości pierwszej i wysłuchiwanie obszernej listy ich dolegliwości. My natomiast z niezmąconą, a błogą satysfakcją stwierdzamy, że czujemy się lepiej niż dwadzieścia lat temu.

Należy tu podkreślić, że starość, jako taka, nie jest chorobą i nie musi wiązać się z niedołęstwem i drastycznym spadkiem sił fizycznych i umysłowych. Po prostu w miarę upływu czasu zbieramy skutki, i to niestety na własnej skórze, długoletniej działalności przestępczej wobec własnego organizmu. To, że ktoś nie ma odpowiedniej wiedzy na temat swojej osoby (chodzi mi tu o żywienie i fizjologię) nie chroni przed skutkami długoletnich zaniedbań.

Sytuacja pogarsza się jeszcze, gdy mamy do czynienia z dziećmi. Bardzo często, bowiem nieświadome matki dają dzieciom pożywienie prowadzące do wystąpienia rozmaitych chorób. Jednym z powszechnych błędów popełnianych w żywieniu dzieci, jest karmienie ich w okresie zimy i późnej jesieni owocami cytrusowymi. Owoce te, jakkolwiek bardzo cenne pod względem odżywczym, dojrzewają w klimacie upalnym i ich funkcją jest nawilżanie i ochładzanie, wówczas, gdy jest wysoka temperatura otoczenia. I matka, która kichającemu, przeziębionemu dziecku daje pomarańczę lub banana powoduje jeszcze większe nasilenie choroby. Dzieje się tak dlatego, że do choroby z zimna dokłada się jeszcze ochładzające działanie pożywienia. W opisanym wyżej przypadku dziecko powinno dostać pikantny barszczyk lub zupę cebulową, by pożywienie gorące i pikantne usunęło chorobę z zimna z wnętrza organizmu.

Z tego przykładu wynika jasno, że energetyczna jakość pożywienia ma zasadnicze znaczenie dla naszego zdrowia. Całe dostępne nam pożywienie jest klasyfikowane według Pięciu Przemian). Każda z tych przemian zawiera w sobie smak, zapach, kolor, emocje, pory roku oraz narządy wewnętrzne powiązane ze sobą wzajemnymi zależnościami. Stąd znając Pięć Przemian możemy stosować rozmaite metody terapii dla wzmocnienia pozytywnego działania żywienia.

Przygotowanie posiłku według Pięciu Przemian jest działaniem twórczym mającym na celu odbudowę równowagi istniejącej między nami a otoczeniem. Stąd właśnie biorą się różne sposoby prawidłowego żywienia dla danego człowieka, ponieważ inaczej powinien się odżywiać muzyk, inaczej osoba spędzająca dni przy ekranie komputera, a inaczej osoba, która się dużo uczy. Istnieją też oczywiste różnice w przekazie genetycznym i w związku z tym w zależności od tego, jakich mieliśmy przodków, ile przekazali nam energii i jakiej jakości była to energia, modyfikujemy nasz sposób odżywiania.

Generalnie jest tak, że na początku najistotniejsze jest prawidłowe przygotowanie posiłku według Pięciu Przemian i zastosowanie diety ogólnie wzmacniającej. Natomiast potem zaczynamy zwracać uwagę na swoje słabe punkty, na porę roku, na to, czym się zajmujemy i na to, co chcemy zmienić w sobie.

Zajmowanie się Pięcioma Przemianami przypomina oglądanie mozaiki. Na początku mamy do czynienia z pełnym obrazem, potem zaczynamy oglądać poszczególne składniki tej mozaiki, zauważamy rozmaite odcienie kolorów i różnorodność kształtów, a za każdym razem dowiadujemy się czegoś nowego.

Tak jest z Pięcioma Przemianami, im bardziej zagłębiamy się w temat tym ciekawsza staje się rzeczywistość. Ale jak zawsze należy zacząć od początku, a początek jest prosty. Bierzemy przepis, surowce potrzebne do przygotowania posiłku i rozmaite utensylia kuchenne, i przystępujemy do przygotowania potrawy.

Jak już wspominałam absolutnie podstawową zasadą jest zachowanie kolejności, dlatego też z czujnym błyskiem w oku grupujemy poszczególne produkty według kolejności przemian, do których należą. Najprościej zaczynać klasyfikację od przemiany Ziemi, ponieważ jest ona podstawą, z której biorą początek wszystkie inne przemiany. Następnie ustawiamy produkty według koła przemian, czyli: koło produktów z przemiany Ziemi ustawiamy produkty z przemiany Metalu, następnie Wody, potem produkty należące do przemiany Drzewa, a następnie Ognia. W ten sposób mamy zamknięte koło przemian.

Przygotowanie posiłku możemy rozpocząć od dowolnej przemiany pamiętając o zachowaniu kolejności dodawania następnych składników według obiegu odżywczego koła przemian. Oznacza to, że jeżeli rozpoczęliśmy przygotowanie od artykułu z przemiany Drzewa, a chcemy skończyć na przemianie Wody (aby wzmocnić nerki), to następnym w kolejności ma być składnik z przemiany Ognia, potem Ziemi, potem Metalu i wreszcie kończymy składnikiem należącym do przemiany Wody.

Rozważmy to na przykładzie **kanapki**: kromkę grahama (chleb pszenny należy do przemiany Drzewa tak jak pszenica) posypujemy mielonym kminkiem (przemiana Ognia) smarujemy odrobiną masła (przemiana Ziemi), kładziemy plasterek pomidora (przemiana Ziemi), posypujemy siekanym szczypiorem z cebuli (przemiana Metalu) i kładziemy kawałki ryby tłustej, morskiej z konserwy (przemiana Wody). Skończyłam kanapkę na przemianie Wody i zjadając ją wzmacniam nerki. Jeżeli chciałabym działać na wątrobę powinnam dołożyć składnik należący do przemiany Drzewa np.: położyłabym plasterki ogórka kiszonego. Aby wzmocnić serce tą samą kanapkę mogę posypać kminkiem (przemiana Ognia – serce). Nie podaję tu dalszych przykładów kolejnych przejść do przemiany Ziemi, a potem Metalu, bo po dodaniu kolejnych składników zjedzenie tej kanapki groziłoby wywichnięciem szczęki w zawiasach zważywszy na objętość kanapki. Zasada jednak, mam nadzieję, jest zrozumiała. Chodzi po prostu o dodawanie kolejnych składników według kolejności koła przemian (Ziemia, Metal, Woda, Drzewo, Ogień i znowu Ziemia, Metal itd.).

Oznacza to, że możemy kilkakrotnie nawet dodawać rozmaite składniki według podanej kolejności i teoretycznie nasza przykładowa kanapka mogłaby przypominać wysokością piramidę Cheopsa i stanowiłaby widok imponujący, ale ze względu na trudy konsumpcji szczerze odradzam tego typu postępowanie.

Najprościej uczyć się gotowania według Pięciu Przemian na zupach. Zupa jest obiektem wdzięcznym, lekkostrawnym i dostarczającym mnóstwa cennych składników odżywczych. Zupy, które gotujemy według Pięciu Przemian wyróżniają się dwoma cechami po pierwsze – nie gotujemy ich na żadnych zwłokach, czy też fragmentach szkieletu niewinnego zwierzęcia i po drugie – dodajemy znaczną ilość przypraw, dużo jarzyn i bardzo mało soli.

Osoby, które lubią i jedzą mięso mogą dodać nieznaczną ilość wędliny do zupy. Generalnie chcę jednak zapewnić, że nie zdarzyło się jeszcze w dziejach ludzkości, by zszedł z głodu osobnik jedzący mięso rzadziej niż raz dziennie. Oznacza to, że jeżeli ktoś zabiera kanapki z wędliną lub żółtym serem do pracy zjada drugie danie mięsne i na dodatek też wędlinę na kolację to tylko i wyłącznie na zdrowie wyjdzie fakt, że zupa jest jarska. Najważniejszą bowiem rzeczą jest zachowanie równowagi pomiędzy poszczególnymi składnikami żywienia. Dlatego też zarówno braki jak i nadmiar czegokolwiek w naszym żywieniu powoduje negatywne skutki. Oczywiście nie ma mowy o tym, żebyśmy po źle zbilansowanym posiłku padli jak po konsumpcji muchomora sromotnikowego.

Negatywne skutki złego odżywiania są rozłożone w czasie, ale prędzej czy później zapłacimy za błędy żywieniowe pogarszającym się zdrowiem i samopoczuciem. Znacznie lepiej jest zadbać wcześniej o siebie, niż potem z paniką w oczach dowiadywać się o nadciśnieniu lub o wysokim poziomie cholesterolu. Dbałość ta wyraża się w życzliwym traktowaniu swojej osoby. Mówię osoby, ponieważ jesteśmy całością psychofizyczną i niedomaganie jakiegoś organu rzutuje na nasze całe samopoczucie. Ciągle jeszcze pokutuje u nas podział na ducha i materię. Jeżeli jednak osobę wzniośle rozważającą tajemnice Wszechświata dopadnie atak kolki wątrobowej, wówczas nagle okaże się, że sprawy fizyczne są na pierwszym miejscu. Energia i materia są dwiema stronami tej samej rzeczywistości. Jedna przechodzi w drugą, ich istnienie jest uzależnione od siebie wzajemnie. Dlatego też człowiek lekceważący aspekt fizyczny swej osoby wkrótce przekonuje się, że jego rozwój został pod wieloma względami zahamowany. Jeżeli natomiast poświęcimy choćby odrobinę dbałości właściwemu odżywianiu, aktywności fizycznej, wówczas przekonamy się, że znacznie łatwiej nam pracować w sferze ducha.

Pożywienie można przyrównać do paliwa dającego nam energię do działania. Energia odżywiająca nas wówczas będzie dobra, gdy będziemy spożywać odpowiednie pożywienie. Zasadą obowiązującą nie tylko przy Pięciu Przemianach jest spożywanie jedzenia świeżego i możliwie najmniej oczyszczonego. Przez określenie jedzenie świeże rozumie się posiłek zrobiony bez udziału konserw. Oczywiście ta zasada jak wszystko ma swoje modyfikacje np.: w podróży lub tam, gdzie nie możemy samodzielnie przygotować posiłku, korzystamy czasem z tego typu pożywienia. Zawsze jednak powinien to być wyjątek i u siebie w domu gotujemy zupy świeże, a nie z torebki, ziemniaki gotujemy, a nie odgrzewamy, frytki i surówkę przygotowujemy, a nie kupujemy na stoisku garmażeryjnym. Nawet, gdy ktoś intensywnie pracuje może znaleźć czas, by raz na dwa dni przygotować pełnowartościowy posiłek. Z punktu widzenia strawności i wartości odżywczej bezwzględnie na czele naszego pożywienia powinny znajdować się zupy.

Posiłki przygotowane według Pięciu Przemian są tak łatwostrawne, że osoba dziewięćdziesięcioletnia zjada grochówkę i znakomicie się po niej czuje. Każdy produkt, który został przetworzony przez przemysł spożywczy i zakonserwowany ma nie tylko znacznie mniej witamin i składników mineralnych, ale dodatkowo obciąża nas jeszcze substancjami chemicznymi –

głównie naszą nieszczęsną wątrobę. Ponadto niektóre składniki (najlepiej zapoznać się z ich listą) oznaczone symbolem E z liczbą, które mogą powodować dodatkowe skutki uboczne w postaci zaburzeń pracy jelit, podwyższenia poziomu cholesterolu, schorzenia skórne, mają działanie rakotwórcze, zwiększają zapotrzebowanie na niektóre składniki żywności. Dlatego też dobrze jest zastanowić się przy zakupie, co zjadamy.

Wyniki wielu badań potwierdzają, że osoby żywiące się np.: na stołówkach (dotyczy to również przedszkoli i innych zakładów żywienia zbiorowego) mają niedobory witaminy C, witamin grupy B, składników mineralnych. Zamiast oglądać kolejną wersję losów bohaterki argentyńskich seriali, lepiej jest te pół godziny zainwestować w przygotowanie „małego co nieco" jak mawiał nasz ulubiony Kubuś Puchatek. Gdybyśmy bowiem uczciwie zbilansowali nasz czas okazałoby się, że niejednokrotnie w ciągu dnia mamy czas, który możemy wykorzystać do przygotowania posiłku.

Jak już wspominałam jedzenie według Pięciu Przemian jest uporządkowane energetycznie i się nie psuje, dlatego też możemy potrawy przechowywać dłużej bez straty wartości odżywczych. Dużą pomocą jest tu prawidłowe rozplanowanie posiłków, co daje w rezultacie znaczne oszczędzenie czasu i realizację w praktyce hasła „w tej kuchni nic się nie marnuje". Początki jak zawsze są dość trudne, trzeba bowiem nauczyć się tego sposobu gotowania. Nie ma jednak rzeczy wartościowej, której uzyskanie nie wiązałoby się z określonym wysiłkiem. Obojętnie jaką umiejętność zdobywamy – czy uczymy się jeździć na łyżwach, czy obsługiwać komputer, poświęcamy określoną ilość czasu i wysiłku. Tak samo jest z gotowaniem według Pięciu Przemian. Podobnie jak inne umiejętności – raz zdobyta zostaje na całe życie.

Niewątpliwą nagrodą za włożony wysiłek jest coraz lepsze samopoczucie, o wyglądzie nie wspominając. Osoby, które zaczną gotować niejednokrotnie będą zgrzytać zębami, a nawet rzucać inwektywą, mogą też pojawić się takie odruchy jak załamywanie rąk, czy też kopanie niewinnych mebli. Nic to! Należy wytrwać, wykazać hart ducha i odporność psychiczną. Potem nadejdzie czarowna chwila, gdy okaże się, że gotujemy góra trzy razy w tygodniu, urozmaiconego jedzonka mamy mnóstwo, a przygotowanie posiłku jest prawdziwą przyjemnością.

Osoby, które lubią gotować przygotowując jedzenie według Pięciu Przemian mogą dać upust swym instynktom twórczym. Natomiast te, dla których praca w kuchni jest równoznaczna z przymusowymi ciężkimi robotami, mogą poświęcając niedużo czasu właściwie się odżywiać. Oczywiście, niedużo czasu poświęca się gotowaniu wówczas, gdy już mamy opanowane podstawy, potem ta czynność jest tak naturalna jak chodzenie. Z pewnością żadna z osób mająca powyżej czterech lat nie zastanawia się nad techniką chodzenia. Proszę jednak poobserwować dziecko, które uczy się dopiero chodzić, jak wiele razy próbuje, przewraca się i jeszcze raz zaczyna od początku. Gdyby w tym momencie pomyślało: „To chodzenie jest takie trudne, nigdy się nie nauczę", to najprawdopodobniej obchodząc swoje sześćdziesiąte urodziny też by raczkowało. Podobnie z umiejętnością gotowania według Pięciu Przemian, próbujemy wytrwale, aż do skutku.

Główne zasady dietetyki nasze pożywienie klasyfikuje wg zawartości poszczególnych składników. Według Pięciu Przemian pożywienie klasyfikujemy według energii i działania na narządy wewnętrzne. W każdej z przemian mamy do czynienia z czterema rodzajami energii o różnym działaniu i tak energia *yang* jest gorąca, energia *chi* jest związana z energią życiową i ruchem krwi, ma działanie lekko ogrzewające, energia *xue* jest związana z temperaturą krwi i ma działanie lekko odświeżające, energia *yin* z kolei działa oziębiająco i nawilżająco. Działanie energii *yang* można porównać do uczucia, jakie mamy przebywając w upalny dzień na pełnym słońcu, jest nam po prostu gorąco, a bywa, że kroplisty pot spływa nam z czoła, wówczas mamy najczęściej ochotę na zimne piwo, sok owocowy z lodem, lub też w stanach ciężkiego zwyrodnienia na coca-colę z lodem – i to właśnie jest działanie energii *yin*, zimno, chłód. Działanie energii *chi* możemy porównać ze stanem miłego ożywienia i ruchliwości, natomiast działanie energii *xue* to coś w rodzaju odżywczego prysznica, prostujemy się wówczas podobnie jak kwiatuszek pod lekkim strumieniem wody.

Dlatego zasadą jest jedzenie produktów o różnych energiach i w różnych ilościach po to, by uzyskać określony efekt na końcu. Każda przemiana jest związana z poszczególnymi narządami, a także emocjami, dlatego tak przygotowane jedzenie oddziałuje na emocje, a także i zachowania osób, które je zjadają. Dzieje się tak całkowicie niezależnie od faktu, czy dana osoba wie, co zjadła, czy zna się na Pięciu Przemianach itd.

Przemiana Metalu wiąże się m.in. z jelitem grubym, układem oddechowym (płuca) smakiem ostrym i przemieszczaniem się. Miałam okazję przygotowywać potrawy z użyciem warzyw mało znanych dla uczestników sympozjum rolnictwa ekologicznego. Część wykładowa przedłużyła się trochę i organizatorka niepokoiła się o dotrzymanie terminu zakończenia spotkania, w związku z tym przygotowane potrawy zakończyłam na przemianie Metalu, by zaproszeni goście szybko opuszczali salę. I co się okazało, osoby nie mające pojęcia o tym, że potrawy są przygotowane według Pięciu Przemian po skosztowaniu dwóch, trzech dań nagle zaczynały się spieszyć i wychodziły z sali. Momentami wręcz robił się korek przy wyjściu. Organizatorka nie wierzyła wręcz własnym oczom, ponieważ wszystko zostało zjedzone i to w tempie wręcz błyskawicznym. Nikt natomiast nie zdradzał tendencji do rozmów po posiłku i dłuższego pozostania na miejscu.

Kiedy indziej znów akurat wypadł dzień przemiany Metalu dla grupy ćwiczącej medyczny Qi-gong, a byli wśród nich ludzie pierwszy raz stykający się z jedzeniem według Pięciu Przemian i nie ukrywający swego niedowiarstwa. Okazało się, że bez względu na nastawienie, każdy kilkakrotnie wizytował ubikację, ponieważ jedzenie podziałało na jelito grube i w związku z tym każdy miał okazję pozbyć się zbędnych resztek.

Na tych dwóch przykładach chciałam zademonstrować, że działanie pożywienia według Pięciu Przemian obejmuje nie tylko aspekt czysto żywieniowy, lecz również inne. Żywiąc się tą metodą możemy nie tylko znacznie poprawić swoją wydolność i odporność fizyczną, co ma w warunkach rynku pracy bardzo duże znaczenie, ale także możemy wpływać na emocje, co pozwala nam zachować pogodny nastrój i spokój nawet w wypadku stresu.

Aby nauczyć się gotować według Pięciu Przemian i odpowiednio korzystać z tego pożywienia należy zdawać sobie sprawę z funkcjonowania naszego układu pokarmowego oraz z roli jaką odgrywają poszczególne składniki odżywcze dla stanu naszego zdrowia.

WARZYWA CEBULOWE

Rośliny tej grupy należą do przemiany Metalu, mają szereg cennych właściwości i niestety posiadają również cechy (zapach) sprawiające, że coraz częściej unika się ich stosowania. Są uprawiane już od dawna, były popularne w starożytnym Egipcie. Ciągle możemy spotkać dzikich przedstawicieli tej rośliny, w naszym kraju na przykład czosnek niedźwiedzi – mający delikatne białe kwiaty. Mamy też ozdobne czosnki o zróżnicowanych barwach kwiatostanów – na przykład alium moly o złocistych kwiatach, wzmiankowane już w Odysei czarodziejskie ziele, był on uważany w Grecji za roślinę ochronną. W dzisiejszych warunkach również warto uprawiać czosnki ozdobne, są bowiem niekłopotliwe, urocze i przy okazji chronią inne rośliny przed szkodnikami i chorobami.

W kuchni najczęściej stosujemy trzy rośliny z tej grupy: cebulę, czosnek i por. Hobbyści uprawiają w swoich ogrodach szalotkę, siedmiolatkę kartoflankę, cebulę perłową czy cebulę piętrową, ale większość z nas styka się z wymienionymi przeze mnie na początku roślinami. Wszystkie one zawierają fitoncydy, substancje działające jak antybiotyki, ale bez ich ubocznych skutków, najbogatszy w te substancje jest czosnek, w uniwersalności działania często porównywany do penicyliny. Ponadto wszystkie warzywa cebulowe mają właściwości moczopędne, chronią przed miażdżycą i zakrzepami. Stwierdza się też działanie przeciwnowotworowe, przy czym skuteczniejsze są tu, podobnie jak w wypadku warzyw kapustnych i rzepowatych, surówki.

Prezentację zacznę od cebuli.

Cebula

W naszych warunkach najkorzystniej uprawiać cebulę z dymki, sadząc na jednym zagonie z marchwią. Należy zachować odpowiedni rozstaw, gdyż rośliny mają to do siebie, że z czasem rosną i jeśli posadzimy je zbyt gęsto otrzymamy małe cebule, pamiętajmy także o zasilaniu roztworami nawozu (naturalne!) w trakcie wzrostu.

Cebulę wyrywamy, gdy szczypior w większości zacznie zasychać i przechowujemy w suchym, chłodnym miejscu. Jeśli chcemy mieć dodatkowo szczypior, to lepiej jest posadzić gęściej cebulki i wyrywać je razem ze szczypiorem, często praktykowane uszczykiwanie liści powoduje mniejsze przyrosty cebul. Rozwodzę się tu nad wielkością tej miłej roślinki, ale nie na darmo się powiada „jak ją rozbierali to nad nią płakali" – mało komu obieranie i krojenie cebuli nie wyciska łez z oczu, dlatego uważam, że lepiej obrać raz i pokroić dużą niż obierać i kroić kilka małych. Na pocieszenie zdradzę, że nie płaczą tylko osoby z wyrównanym stanem energetycznym wątroby.

A teraz coś na temat składu i właściwości cebuli. Zawiera ona szereg witamin B_1, B_2, B_6, PP, karoten, niezbyt dużą ilość witaminy C (więcej ma szczypior), znaczne ilości minerałów takich jak: żelazo, miedź, cynk, mangan, fluor, kobalt, chrom, jod, siarkę oraz czynne biologicznie substancje korzystnie działające na organizm. Najbardziej znaną cechą cebuli jest jej zdolność do łagodnego obniżania ciśnienia i zapobiegania miażdżycy. Ważne jest to, że jedzenie cebuli wraz z mięsem powoduje niwelowanie niekorzystnego oddziaływania nasyconych kwasów tłuszczowych na organizm ludzki. Osoby o wysokim poziomie cholesterolu i nadciśnieniu koniecznie powinny dodawać do potraw duże ilości cebuli. Najlepiej dać kilka pokrojonych grubo cebul do gulaszu, bitek czy duszonych żeberek oraz pieczeni zaraz na początku gotowania, tak by cebula zdążyła się rozgotować i zagęściła sos –

w ten sposób nie musimy używać żadnych zasmażek dodatkowo pogarszających stan zdrowia.

Surowa cebula ma silne właściwości bakteriostatyczne i odkażające, rozrzedza śluz zalegający w drogach oddechowych i ułatwia jego odkrztuszanie. Z cebuli przygotowuje się syrop, wino ogólnie wzmacniające, a ugotowaną można stosować do okładów na ropnie, wrzody, gdyż ma właściwości gojące, natomiast sok z surowej cebuli korzystnie działa na grzybice (naturalnie sok świeży). Oprócz tego należy pamiętać o przeciwzakrzepowym i przeciwnowotworowym działaniu cebuli i jeszcze dodatkowo o korzystnym działaniu na skórę, paznokcie i porost włosów (zapobiega też łysieniu).

Poniżej podaję przepisy praktycznego, a sympatycznego zastosowania cebuli.

1. Syrop z cebuli

Zastosowanie: przeziębienie, grypa, kaszel suchy, kaszel z trudnością w odkrztuszaniu, zapalenie migdałków, zapalenie oskrzeli, astma, grzybice.

Mały słoiczek miodu zmiksować z 1 dużą lub 2 małymi cebulami – dla dorosłych, dla dzieci powyżej trzech lat miód zmieszać z sokiem z cebuli. (Używamy miodu, dlatego, że cukier osłabia działanie wykrztuśne i bakteriobójcze, natomiast miód je wzmacnia i dodatkowo działa powlekająco na drogi oddechowe.) Tak przygotowany syrop zostawić w zamkniętym słoiku przez noc i stosować po łyżeczce 4-6 razy dziennie. Dla bardzo małych dzieci miód zastąpić syropem z malin czy czarnego bzu i podawać po pół łyżeczki syropu cebulowego.

2. Zupa z cebulą

Zastosowanie: przy miażdżycy, nadciśnieniu tętniczym, reumatyzmie, astmie, hemoroidach, podwyższonym poziomie cholesterolu.

Do 1,5 l wrzątku dać łyżeczkę masła, dodać pokrojone drobno 4 cebule, maggi, sól, szklankę soczewicy, estragon, cząber, kminek, majeranek, pieprz, mieloną lub startą gałkę muszkatołową i kilka łyżek płatków owsianych.

Czosnek

Od czasów starożytnych znany i stosowany dla nieprzeciętnych walorów leczniczych, że nie wspomnę o zdolności odstraszania wampirów. Prawdą jest, że jeśli porządnie najemy się czosnku, to zapach istotnie zniechęca do bliższych kontaktów i nie ma mowy o tym, że ktoś figlarnie wgryzie się nam w szyjkę.

A teraz na poważnie. Czosnek jest jednym z najsilniej działających roślinnych antybiotyków i, co istotne, pomaga pozbywać się dla nas niekorzystnych bakterii. Te substancje są uwalniane podczas trawienia czosnku i dlatego najlepiej w razie potrzeby przyjmować go tak jak tabletki: pokroić obrane ząbki na plasterki i łykać. W ten sposób ograniczymy występowanie niezbyt przyjemnego zapachu z ust, można w tym celu dodatkowo pożuć świeże listki mięty lub melisy czy natkę pietruszki.

Działanie lecznicze czosnku jest wielostronne i doprawdy można o nim wyśpiewywać hymny pochwalne, bo działa przeciwnowotworowo, obniża ciśnienie, działa przeciwmiażdżycowo, jest pomocny w schorzeniach dróg oddechowych, wzmacnia odporność, działa bakteriobójczo, antywirusowo, przeciwgrzybiczo oraz niszczy pasożyty. Te właściwości począwszy od bakteriobójczych ma świeży czosnek, łykany tak jak radziłam, natomiast pozostałe właściwości (włącznie z przeciwzakrzepowymi) ma także czosnek dodany do potraw. I jeszcze jedno – czosnek gotowany, duszony itd., nie pozostawia tak przykrego zapachu. Dlatego osoby dbające o swoje zdrowie i zdrowie swojej rodziny powinny w zasadzie do wszystkich potraw mięsnych lub półmięsnych dodawać dużo czosnku.

Przepisy, które mówią „weź 2 ząbki czosnku" powinny być z góry dyskwalifikowane, zastosowanie czosnku w kuchni powinno zaczynać się od pięciu ząbków i śmiało należy kontynuować dodawanie dalej. Ograniczenia dotyczą surowego czosnku – stosujmy go bez przesady i w miarę – 2–4 razy w tygodniu, jeśli będziemy robić to regularnie, to wystarczy to dla utrzymania zdrowia i odporności.

Nadeszła obecnie pora, by powiedzieć coś na temat składu czosnku. Otóż zawiera on, jak wspominałam, substancje działające odkażająco – fitoncydy, magnez, wapń, żelazo, fosfor, jod, siarkę, witaminy grupy B, witaminę C (więcej niż cebula). Szczególnie dużo tej witaminy zawierają zielone liście czosnku, dlatego osoby uprawiające czosnek powinny z nich korzystać i dodawać je do potraw. W razie zaziębienia można przekrojone ząbki czosnku wsunąć do nosa i chwilę potrzymać, wdychając substancje lotne – działa znakomicie, nie przetrzymywać, by nie powodować uszkodzenia błon śluzowych. Można też przeprowadzać inhalacje stosując roztarty czosnek, pamiętając, że robimy to kilka minut.

Poniżej przepisy na surówki z wykorzystaniem czosnku – szalenie pomocne dla utrzymania znakomitego stanu zdrowia.

SURÓWKI Z SOSEM JOGURTOWO-CZOSNKOWYM

3. Sos jogurtowo-czosnkowy

Zastosowanie: nowotwory, miażdżyca, udary, wylewy, nadciśnienie.

Do pół litra naturalnego jogurtu dać natkę pietruszki gruntowej – jeśli jest, łyżeczkę rozdrobnionego tymianku, majeranek, zimą i na przedwiośniu rzeżuchę oraz pół lub całą główkę rozdrobnionych ząbków czosnku. Zostawić na godzinę, po czym użyć jako sos do rozmaitego rodzaju surówek.

4. Surówka z kapustą lub jarmużem

Zastosowanie: choroby układu oddechowego, nowotwory żołądka, jelita grubego, piersi, hemoroidy, grypa, skłonności do przeziębień, grzybice, zaparcia, nadciśnienie, otyłość.

Do sosu dodać poszatkowaną kapustę włoską, białą lub rozdrobnione liście jarmużu, wymieszać.

5. Surówka z marchwią i kapustą

Zastosowanie: nowotwory jelita grubego, płuc, kaszel, katar, zalegający śluz, miażdżyca, udar mózgu, nadciśnienie, zaparcia, otyłość.

Do rozdrobnionej marchwi dodać sos i poszatkowaną kapustę białą lub pekińską, wymieszać.

6. Surówka z burakiem i kapustą

Zastosowanie: nowotwory jelita grubego, płuc, żołądka, zaparcia, uchyłkowatość jelita grubego, nadciśnienie.

Do rozdrobnionego surowego buraka dodać sos i poszatkowaną kapustę, wymieszać.

7. Surówka z selerem lub korzeniem pietruszki

Zastosowanie: przewlekła niewydolność nerek, bakteryjne zakażenie dróg moczowych, nowotwory jelita grubego, reumatyzm, bóle kostno-stawowe, angina, otyłość.

Do sosu dodać rozdrobniony seler lub starte korzenie pietruszki, wymieszać.

Por

Jest to ostatni omawiany przeze mnie przedstawiciel starożytnej i godnej wszelkiego szacunku z rodziny warzyw cebulowych. Oczywiście jego historię również można zacząć od: już starożytni Egipcjanie... itd. Skupmy się jednak na współczesności, ponieważ nie wygląda ona dla pora tak korzystnie, jak kiedyś. Ten smukły oraz dystyngowany przedstawiciel rodziny funkcjonuje właściwie jako dodatek do rosołu bądź też jest stosowany w charakterze surówki i to o nie najlepszym smaku.

Oczywiście por nie zawiera tak znacznych ilości substancji bakteriobójczych jak jego krewni, ale również ma bardzo cenne właściwości. Może być stosowany w chorobach przemiany materii, działa moczopędnie i należy go stosować w kamicy moczowej i gośćcu oraz w chorobach reumatycznych, w chorobach wątroby. Powinien wchodzić w skład diet przy otyłości jak również jest pomocny przy przemęczeniu zarówno fizycznym jak i psychicznym, chroni także przed zatruciem metalami ciężkimi, tak więc powinni go w diecie uwzględniać ludzie ze środowisk skażonych i wielkomiejskich.

Najczęściej stosuje się jedynie białą część pora tracąc bardzo cenne witaminy i minerały zawarte w liściach. Dlatego należałoby białą część pora zużywać do surówek i sałatek (zawiera mniej błonnika, a co za tym idzie jest lżej strawna), a liście stosować do potraw duszonych i gotowanych.

Por zawiera wapń, potas, żelazo, fosfor, siarkę, magnez, witaminy B_1, B_2, karoten, witaminę PP oraz C – zwłaszcza liście są dobrym i całkowicie niedocenianym jej źródłem.

Por najlepiej uprawiać z rozsady, sadząc po dwie sztuki do wykopanej bruzdy. Bruzdę stopniowo się zasypuje i w ten sposób uzyskujemy długą część białą. Mniejszego pora wyrywamy i zużywamy na potrzeby bieżące. Pory znakomicie przechowują się, nawet na balkonie, zasypane torfem w skrzyni i osłonięte od deszczu, część roślin spokojnie możemy zostawić w gruncie i wykopywać jak tylko ziemia rozmarznie.

Namawiam do stosowania porów do każdej zupy, zamiennie z cebulą, można też stosować te warzywa razem. Tradycyjnie podaję przepis na danie z porów, bardzo je lubię, może być przechowywane i odgrzewane tak jak bigos.

8. Pory po grecku

Zastosowanie: przewlekła niewydolność nerek, miażdżyca, reumatyzm, nowotwory jelita grubego i płuc, obniżona odporność na infekcje.

4–5 porów przeciąć na pół i starannie wypłukać. Odciąć zielone liście, pokroić w półkrążki. W garnku rozgrzać olej lniany lub rzepakowy (2–3 łyżki), obsmażyć liście, dodać sól kamienną, ciut soku z cytryny, parę łyżek kwaśnej śmietany i podlać całość wrzątkiem, dusić pod przykryciem. Dodać kminek, majeranek, mały koncentrat pomidorowy i pokrojoną białą część porów oraz pieprz, dusić wszystko razem do miękkości.

Nie wegetarianie mogą dodać 30 dkg pokrojonej kiełbasy lub wędzonki. Danie podawać z ryżem, ziemniakami lub chlebem.

Cebula siedmiolatka

Jeśli idzie o innych przedstawicieli tej rodziny to polecam uprawę siedmiolatki (jak sama nazwa wskazuje jest to roślina wieloletnia, należy więc wybrać takie miejsce, by mogła rosnąć spokojnie), cebulki tworzą gniazda, w warunkach podwrocławskich zimują, a wczesną wiosną mamy dostępny najwcześniejszy szczypior, będący dobrym źródłem witaminy C i mający też witaminy grupy B i karoten. Same cebulki można zużywać do marynat, surówek i sałatek. Ja uprawiam siedmiolatkę po prostu na kwietniku przy okazji korzystając z jej właściwości odstraszania szkodników. Bardzo dobrze – zwłaszcza na przedwiośniu – zrobić masło siedmiolatkowe, przy okazji chroniąc się przed infekcjami i dostarczając witaminy C.

9. Masło siedmiolatkowe:

Zastosowanie: choroby układu oddechowego, obniżona odporność na infekcje bakteryjne.

Miękkie masło utrzeć z posiekanym szczypiorem i poszatkowanymi cebulkami, smarować kanapki lub grzanki.

WARZYWA DYNIOWATE

Do warzyw dyniowatych zaliczamy: ogórki, dynie, kabaczki, cukinie. Powinny być one uprawiane z dala od siebie, ponieważ bardzo chętnie się krzyżują i w efekcie możemy mieć w ogrodzie przedziwne mutanty dynio-kabaczka lub kabaczko-cukinii. Wszystkie te warzywa zawierają sporo enzymu zwanego askorbinazą, rozkładającego witaminę C, dlatego jeśli chcemy spożywać je na surowo, to najpierw należy je zakwasić, bo środowisko kwaśne unieczynnia ten enzym, stąd bierze się też często spotykane zalecenie o zakwaszaniu surówek, w skład których wchodzą warzywa zawierające tę witaminę.

Dynia

Jest to roślina przywieziona z Ameryki Południowej, występuje w wielu odmianach, uprawia się ją z rozsady, najlepiej na czarnej folii, wsadzając rośliny, gdy minie groźba majowych przymrozków. Jeśli uprawiamy inne dyniowate to dwie rośliny całkowicie nam wystarczą, można też uprawiać naprzemiennie – w jednym roku dynię w drugim kabaczek.

Dynia jest dosyć żarłoczną roślinką, dlatego najlepiej uprawiać ją koło kompostownika, lub na tym miejscu, na którym był kompostownik. W sierpniu lub na początku września należy uszczknąć pędy, by nie zawiązywały się nowe owoce, tylko dojrzewały już zawiązane. Dynia olbrzymia, jak sama nazwa wskazuje, owoce ma spore, bo mogą one ważyć nawet powyżej 50 kg. Obecnie w uprawie są odmiany o owocach też sporych, jednak nie powodujących już konieczności zaproszenia do zbioru znajomego ciężarowca, bowiem ich przeciętna waga – w zależności od odmiany waha się od 1,5 do 4 kg.

Dynia jest rośliną bardzo wartościową pod względem spożywczym, zawiera przede wszystkim dużo karotenu oraz witaminy E, A, oprócz tego witaminy B_1, B_2, PP i trochę C oraz kwas foliowy. Jest też wyjątkowo bogata w składniki mineralne zawiera bowiem potas, wapń, fosfor, magnez, żelazo, miedź, kobalt, cynk, mangan, molibden, fluor, krzem. Ponadto miąższ dyni jest bogaty w pektyny i białka. Duże znaczenie mają też świeże pestki dyni, jeden ze starszych środków przeciw pasożytom przewodu pokarmowego, zwłaszcza tasiemcom i to zarówno u ludzi jak i u zwierząt. Suszone pestki, co prawda nie mają właściwości odrobaczania, ale za to zawierają cenne składniki mineralne m.in. cynk oraz aminokwasy, w tym kwas glutaminowy poprawiający sprawność umysłową. Tłuszcz zawarty w pestkach ma bardzo dużo witaminy E, zawiera też substancje pomocne przy schorzeniach prostaty.

Dynia i kabaczek należą do przemiany Ziemi. Kabaczek różni się od dyni nieco mniejszą zawartością składników mineralnych i witamin, tylko witaminy C zawiera nieco więcej, nie ma też doniesień o leczniczych właściwościach pestek kabaczka. Dynię należy raczej spożywać w stadium dojrzałości, można ją także przechowywać dość długo w chłodnej piwnicy, kontrolując, co jakiś czas, czy nie gnije. Jeśli się tego zaniedba może nas czekać przykra niespodzianka, (zwłaszcza gdy nadgniły owoc pęknie), po której będą nam bliskie doznania osoby, która spotkała się ze skunksem będącym w złym humorze. Dojrzałego kabaczka także możemy podobnie przechowywać, ja jednak proponuję zjadać owoce kabaczka na bieżąco, nie czekając aż zyskają skórę godną prehistorycznych nosorożców.

Najprościej dynię lub kabaczka faszerować przecinając na pół, po czym miąższ wraz z farszem zjadamy, a skórę wyrzucamy. Możemy także dodawać dynię lub kabaczek po obraniu ze skóry i pokrojeniu lub utarciu do rozmaitych potraw, czekają nas wtedy zmagania ze skórą przybliżające cokolwiek prace Heraklesa, znanego również u niejakich Rzymian jako Herkules.

Dynię przede wszystkim stosuje się w chorobach nerek, serca, przy nadciśnieniu, schorzeniach wątroby, przy miażdżycy oraz chorobach przemiany materii. Jako roślina należąca do przemiany Ziemi dynia świetnie smakuje w potrawach słodkich jak i pikantnych. Ponieważ, podobnie jak i kabaczek ma smak raczej subtelny powinniśmy pamiętać o starannym doprawieniu potraw, bo inaczej będą po prostu mdłe. Poniżej podaję przepis na zupę pomocną szczególnie przy chorobach serca.

10. Zupa z dyni z kaszą jaglaną

Zastosowanie: przewlekła niewydolność nerek, nadciśnienie, niewydolność krążenia, choroba niedokrwienna serca, miażdżyca, wymioty u ciężarnych, niedostateczne wydzielanie żółci, nadpobudliwość nerwowa, ślepota zmierzchowa.

Do 2 l wrzątku dać 1 szklankę kaszy jaglanej, dodać kilka goździków, ciut soli, sezam, zakwasić całość sokiem z połowy cytryny, dodać kilkanaście sztuk czerwonych winogron przekrojonych na pół, 10 dkg rodzynek i 2 szklanki startej lub pokrojonej w drobną kostkę dyni, gotować do miękkości, uważać by dynia się nie rozgotowała.

11. Kabaczek faszerowany jarzynami

Zastosowanie: nadciśnienie, nowotwory zwłaszcza płuc i jamy ustnej (palacze), zaparcia, otyłość, wysoki poziom cholesterolu.

Kabaczek umyć, przekroić na pół, wyrzucić pestki, miąższ wyciąć i pokroić w drobną kostkę. Przygotować farsz: do miski dać 2 roztrzepane surowe jaja, dodać pieprz, 4–5 rozdrobnionych ząbków czosnku, rozdrobniony kalafior lub brokuł, maggi, kilka pieczarek pokrojonych w plasterki, natkę pietruszki, kminek, majeranek i miąższ. Nadziać połówki kabaczka farszem. Do naczynia do zapiekania wlać szklankę wrzątku z przyprawami i olejem lnianym lub rzepakowym: majeranek, chili, sól, sok z cytryny, oregano i łyżka oleju. Włożyć kabaczek i zapiekać pod przykryciem 45 minut w 160 stopniach. Wyjąć gorący i polać farsz sosem, zajadać z godnością, skórkę wyrzucić.

Cukinia

Jest odmianą dyni szparagowej. Zawiera znacznie mniej witamin i składników mineralnych niż dynia zwyczajna, właściwości energetyczne ma podobne jak ogórek, należy do przemiany Drzewa. Dwie rośliny posadzone na czarnej folii całkowicie nam wystarczą, tym bardziej, że należy zbierać młode cukinie i zajadać je wraz ze skórką, cienką i delikatną. Można podobnie jak ogórki kisić także cukinie, ale ponieważ kiszone nie przechowują się długo, najlepiej zjadać je w formie cukinii małosolnej. Cukinia powinna być spożywana przy zaburzeniach przemiany materii, cukrzycy, wchodzić w skład diety osób odchudzających się. A oto przepis.

12. Cukinia duszona

Zastosowanie: nowotwory, przewlekła niewydolność nerek, niedostateczne wydzielanie związków toksycznych z moczem, cukrzyca, otyłość, choroby przemiany materii.

WARZYWA KAPUSTNE

Grupa warzyw kapustnych ma licznych przedstawicieli w naszym klimacie, niemniej ojczyzną dzikiego przodka tych roślin była kapusta liściasta wywodząca się z terenów obecnego Bliskiego Wschodu. Doceniały właściwości kapusty liczne starożytne ludy, naturalnie od Egipcjan począwszy, a gdybyśmy chcieli sięgnąć dalej w przeszłość, to już nasza szanowna przodkini z epoki kamienia łupanego zastanawiała się, jak też ma kapustę przyrządzić. Kapusta w postaci główek pojawiła się stosunkowo niedawno, bo zaledwie ponad 300 lat temu – a cóż to jest w obliczu wieczności? Niemniej pojawiła się i całkiem dobrze zadomowiła. Nie da się ukryć, że dawniej była znacznie bardziej popularna niż obecnie, gdy, całkowicie niesłusznie zaczęto potrawy z kapusty uważać za ciężkostrawne. Nie kapusta jest ciężkostrawna tylko tony tłuszczu w postaci boczków i zasmażek dodawane do tego szlachetnego warzywa. Ponadto trzeba wiedzieć, iż warzywa kapustne (z wyjątkiem brukselki) są znacznie lepiej strawne na surowo niż gotowane czy duszone, no i naturalnie potrawy z nich muszą być dobrze doprawione takimi przyprawami jak kminek – mielony, majeranek, ewentualnie możemy dodać do potraw gotowanych dodatkowo kilka jagód jałowca. Dochodzi do tego odpowiednia technika gotowania: po zagotowaniu potrawy gotujemy kwadrans bez przykrycia, by ulotniły się substancje powodujące wzdęcia, dopiero potem przykrywamy i dogotowujemy oraz doprawiamy.

Warzywa kapustne posiadają szereg cennych dla nas – zwłaszcza obecnie - cech; są mianowicie istnym sezamem, jeśli idzie o zawartość witamin, minerałów i innych związków biologicznie czynnych. Dlatego zamiast narzekać, że wzdymają, najpierw trzeba zastanowić się nad stanem własnych podróbek, a potem śmiało wprowadzić je do codziennego żywienia. Podejmujemy w tym celu następujące kroki: należy doprawiać ziołami potrawy, rozdrabniać warzywa właściwie, starannie gryźć (zęby nieprzypadkowo znajdują się na początku układu trawiennego!) no i większość naszego menu powinny stanowić surówki i półsurówki. Wówczas będziemy mogli korzystać z całego bogactwa, jakimi warzywa te mogą nas obdarzyć. Warzywa kapustne w większości należą do przemiany Metalu.

Kapusta biała głowiasta

Jest roślina dwuletnią, należy do rodziny krzyżowych. Uprawia się ją z rozsady, przy czym im więcej miejsca jej zapewnimy tym lepsze rezultaty zarówno, jeśli idzie o zawartość składników czynnych jak i o wysokość plonu. Oczywiście wystrzegajmy się przesady, nie chodzi o rozstaw typu metr na metr, gdzie pojedyncza roślina będzie ulegała atakom melancholii z powodu osamotnienia.

Kolejna informacja, którą chcę przekazać to ta, że ze względu na szkodniki – cóż, nie tylko my uważamy kapustkę za smaczną – dobrze jest sadzić warzywa kapustne bądź pasowo bądź kwaterowo, obsadzając brzegi roślinami ziołowymi, odstraszającymi szkodniki. Do takich nader skutecznie działających roślin należą: cząber, majeranek, bazylia – lot bielinka kapustnika staje się wyraźnie chwiejny i czym prędzej dokonuje on ewakuacji znad terenu opanowanego przez „gazy bojowe" naszych sprzymierzeńców, a kapustka może sobie rosnąć nie niepokojona. Innym problemem są ślimaki, tu niestety nie podam uniwersalnej receptury. Autorka odpowie. Mamy obecnie rozmaite odmiany kapusty, ja osobiście preferuję średnio wczesną, jako, że można dość wcześnie mieć pierwsze główki i jednocześnie nadaje się ona do kilkumie-

wotworów jelita grubego, ale także żołądka, piersi i innych typach raka. Poniżej kilka receptur do wykorzystania w apteczce domowej.

Sok z kapusty świeży (można przechowywać przez jedną dobę w 2 st. C), pity na czczo leczy wrzody żołądka i dwunastnicy, dobrze jest go mieszać także z sokiem z surowych ziemniaków: 1/2 szklanki soku z ziemniaków, 1/2 szklanki soku z kapusty i pić po pół szklanki mieszaniny na czczo, przechowując w lodówce w temperaturze podanej wyżej. Ponadto sok z kapusty jest pomocny przy miażdżycy tętnic – może być stosowany u osób starszych, które źle znoszą błonnik jak również stosowany pomocniczo w takich chorobach jak wrzodziejące zapalenie jelita grubego, niestrawność, cukrzyca, a także – ważne dla nauczycieli i tych, co dużo mówią – przy schorzeniach strun głosowych.

W takich przypadkach należy popijać sok świeży w ilości od pół do jednej szklanki 3 razy dziennie przez okres 3–4 tygodni. Sok z kapusty wymieszany z miodem (2 łyżki miodu do kubka dopełnić sokiem z kapusty, mieszać dość szybko, by nie dopuścić do utlenienia składników biologicznie czynnych) jest środkiem wykrztuśnym oraz osłaniającym przy schorzeniach górnych dróg oddechowych oraz zapaleniu oskrzeli. Należy otrzymany syrop miodowo-kapuściany łykać po łyżce starannie mieszając w jamie ustnej ze śliną, trochę tak jakbyśmy ssali tabletkę, kilka razy dziennie, przechowujemy go w lodówce nie dłużej niż dobę od chwili wykonania. Tu pojawia się, niestety, pewna niedogodność korzystania z roślinnych leków – otóż substancje biologicznie czynne są dość nietrwałe, stąd należy przygotowywać dość często nowe porcje w tym wypadku syropu, a nie da się ukryć – z tabletkami tych problemów nie ma, a nie każdy zastanawia się nad skutkami ubocznymi, jakie łykanie pigułek za sobą pociąga.

Teraz następne przykłady wykorzystania kapusty: sok rozcieńczony z gotowaną wodą – letnią w proporcji 1:1 stosujemy do płukania jamy ustnej i gardła przy stanach zapalnych błony śluzowej.

sięcznego przechowywania, oraz kapustę późną do przechowywania i kiszenia.

Warzywa kapustne nie różnią się specjalnie składem chemicznym, różnice są tu raczej ilościowe – jedne mają więcej witaminy C, inne witamin grupy B czy składników mineralnych, bądź też mniej błonnika. Dlatego też dokładnie opiszę kapustę białą jako przedstawicielkę godnej uznania rodziny i tylko pokrótce omówię resztę.

Kapusta zawiera takie składniki jak węglowodany, karotenoidy, rozmaite związki siarki – daje się to odczuć po zapachu podczas gotowania, ale największe znaczenie ma wyjątkowo zróżnicowany zestaw witamin oraz bogactwo składników mineralnych. W kapuście występują: witamina C i to w dużych ilościach, witaminy grupy B: B_1, B_2, B_3, B_9, PP. Ponadto kapusta zawiera witaminę H, tokoferole, czyli witaminę E, witaminę K i substancje o właściwościach witaminy P, jak też witaminę U (czynnik przeciwwrzodowy – metylometionina). Ze składników mineralnych znajdujących się w kapuście można wymienić: sole potasu, sodu, wapnia, magnezu, siarki i żelaza oraz jod, miedź, cynk, mangan, selen, kobalt. Występuje też w kapuście kilkanaście aminokwasów (aminokwasy wchodzą w skład białek), w tym aminokwasy niezbędne dla organizmu ludzkiego, czyli: tryptofan, lizyna, metionina, tyrozyna, histydyna. Ponadto obecne są też liczne enzymy utleniające oraz rozszczepiające węglowodany, czyli ułatwiające trawienie.

Jednym słowem kapusta to niezastąpiony składnik pokarmu, zapewniający pokrycie zapotrzebowania na bardzo wiele składników pokarmowych oraz znakomity środek leczniczy chroniący przed wieloma schorzeniami. W warzywach kapustnych są obecne fitoncydy, czyli związki działające wirusobójczo oraz bakteriobójczo na gronkowce oraz inne bakterie bytujące w organizmie. Ponadto w kapuście obecne są indole oraz inne związki mające działanie przeciwnowotworowe, szczególnie przydatne w profilaktyce no-

siecznego przechowywania, oraz kapustę późną do przechowywania i kiszenia.

Warzywa kapustne nie różnią się specjalnie składem chemicznym, różnice są tu raczej ilościowe – jedne mają więcej witaminy C, inne witamin grupy B czy składników mineralnych, bądź też mniej błonnika. Dlatego też dokładnie opiszę kapustę białą jako przedstawicielkę godnej uznania rodziny i tylko pokrótce omówię resztę.

Kapusta zawiera takie składniki jak węglowodany, karotenoidy, rozmaite związki siarki – daje się to odczuć po zapachu podczas gotowania, ale największe znaczenie ma wyjątkowo zróżnicowany zestaw witamin oraz bogactwo składników mineralnych. W kapuście występują: witamina C i to w dużych ilościach, witaminy grupy B: B_1, B_2, B_3, B_9, PP. Ponadto kapusta zawiera witaminę H, tokoferole, czyli witaminę E, witaminę K i substancje o właściwościach witaminy P, jak też witaminę U (czynnik przeciwwrzodowy – metylometionina). Ze składników mineralnych znajdujących się w kapuście można wymienić: sole potasu, sodu, wapnia, magnezu, siarki i żelaza oraz jod, miedź, cynk, mangan, selen, kobalt. Występuje też w kapuście kilkanaście aminokwasów (aminokwasy wchodzą w skład białek), w tym aminokwasy niezbędne dla organizmu ludzkiego, czyli: tryptofan, lizyna, metionina, tyrozyna, histydyna. Ponadto obecne są też liczne enzymy utleniające oraz rozszczepiające węglowodany, czyli ułatwiające trawienie.

Jednym słowem kapusta to niezastąpiony składnik pokarmu, zapewniający pokrycie zapotrzebowania na bardzo wiele składników pokarmowych oraz znakomity środek leczniczy chroniący przed wieloma schorzeniami. W warzywach kapustnych są obecne fitoncydy, czyli związki działające wirusobójczo oraz bakteriobójczo na gronkowce oraz inne bakterie bytujące w organizmie. Ponadto w kapuście obecne są indole oraz inne związki mające działanie przeciwnowotworowe, szczególnie przydatne w profilaktyce no-

wotworów jelita grubego, ale także żołądka, piersi i innych typach raka. Poniżej kilka receptur do wykorzystania w apteczce domowej.

Sok z kapusty świeży (można przechowywać przez jedną dobę w 2 st. C), pity na czczo leczy wrzody żołądka i dwunastnicy, dobrze jest go mieszać także z sokiem z surowych ziemniaków: 1/2 szklanki soku z ziemniaków, 1/2 szklanki soku z kapusty i pić po pół szklanki mieszaniny na czczo, przechowując w lodówce w temperaturze podanej wyżej. Ponadto sok z kapusty jest pomocny przy miażdżycy tętnic – może być stosowany u osób starszych, które źle znoszą błonnik jak również stosowany pomocniczo w takich chorobach jak wrzodziejące zapalenie jelita grubego, niestrawność, cukrzyca, a także – ważne dla nauczycieli i tych, co dużo mówią – przy schorzeniach strun głosowych.

W takich przypadkach należy popijać sok świeży w ilości od pół do jednej szklanki 3 razy dziennie przez okres 3–4 tygodni. Sok z kapusty wymieszany z miodem (2 łyżki miodu do kubka dopełnić sokiem z kapusty, mieszać dość szybko, by nie dopuścić do utlenienia składników biologicznie czynnych) jest środkiem wykrztuśnym oraz osłaniającym przy schorzeniach górnych dróg oddechowych oraz zapaleniu oskrzeli. Należy otrzymany syrop miodowo-kapuściany łykać po łyżce starannie mieszając w jamie ustnej ze śliną, trochę tak jakbyśmy ssali tabletkę, kilka razy dziennie, przechowujemy go w lodówce nie dłużej niż dobę od chwili wykonania. Tu pojawia się, niestety, pewna niedogodność korzystania z roślinnych leków – otóż substancje biologicznie czynne są dość nietrwałe, stąd należy przygotowywać dość często nowe porcje w tym wypadku syropu, a nie da się ukryć – z tabletkami tych problemów nie ma, a nie każdy zastanawia się nad skutkami ubocznymi, jakie łykanie pigułek za sobą pociąga.

Teraz następne przykłady wykorzystania kapusty: sok rozcieńczony z gotowaną wodą – letnią w proporcji 1:1 stosujemy do płukania jamy ustnej i gardła przy stanach zapalnych błony śluzowej.

Najpopularniejszym sposobem przetworzenia kapusty pozostaje kiszenie. Kiszona kapusta i sok z niej zawierają witaminę C w dość trwałej postaci, składniki mineralne, podobnie jak świeża kapusta oraz kwas mlekowy, znacznie poprawiający trawienie, ponadto korzystnie działający na mikroflorę jelitową, a także ochraniający przed zakażeniami grzybicą. Za pomocą kapusty kiszonej i soku z niej przeprowadzano leczenie szkorbutu, stosowano też przy schorzeniach układu sercowo-naczyniowego, chorobach przewodu pokarmowego, wątroby i woreczka żółciowego oraz jako ogólny środek poprawiający trawienie i wzmacniający. Kapusta taka może w zupełności zaspokoić zapotrzebowanie dobowe na witaminę C, nawet, jeśli będziemy jedli mało innych warzyw i owoców.

Kapusta wpływa na zwiększenie aktywności gruczołów przewodu pokarmowego, jest pomocna przy leczeniu żylaków odbytu, zwłaszcza przy występujących zaparciach i krwawieniach (w takich przypadkach zalecane jest stosowanie do popijania do 2 szklanek ciepłego wywaru z kapusty, przyjemniej jednak załatwić sobie kurację za pomocą zacnego kapuśniaczku – jest to niewątpliwie wywar z kapusty oraz jej znajomych, lecz dostarczający o wiele milszych wrażeń smakowych). Kapustę stosuje się też w skłonności do zatrzymywania wody w organizmie, przy obrzękach oraz dusznościach i jako środek moczopędny, bowiem związki potasu zawarte w kapuście wzmagają wydalanie płynów z organizmu i poprawiają pracę serca. Zewnętrznie liście kapusty stosuje się jako okłady przy oparzeniach, ranach ropnych, alergiach skórnych przebiegających ze zmianami wysiękowymi. Liście rozdrabnia się bądź też rozbija jak na kotlety i przykłada do miejsc zmienionych chorobowo, można przybandażować lub podkleić ten roślinny opatrunek, po pewnym czasie liść zaczyna być półprzezroczysty jakby był sparzony i występują na nim kropelki płynu, wtedy zdejmujemy go, wyrzucamy i ewentualnie nakładamy nowy.

Uf, jak mawiają Indianie w powieściach o Dzikim Zachodzie. Rozpisałam się o zaletach kapusty, ale uważam, że warto poznać dokładniej i docenić to warzywo, coraz częściej traktowane w naszej kuchni z lekka lekceważąco.

Poniżej przepisy na rozmaite surówki z kapusty, gdyż, podkreślam, jest to najlepszy sposób wykorzystania tego warzywa. Aha i jeszcze jedno – ponieważ kiszenie jest zabiegiem kulinarnym przynależnym do przemiany Drzewa, kapusta kiszona wraz z innymi kiszonkami należy do tej przemiany, co między innymi oznacza, że nasza, osobista wątróbka ją wręcz uwielbia!

Na początek przepisy na sosy, albowiem jak wiadomo nie rozpoczynamy krojenia warzyw bez przygotowania sosu lub innej zaprawy ochraniającej witaminy i związki biologicznie aktywne.

Sosy do surówek z warzyw kapustnych

15. Sos jogurtowy

Zastosowanie: po antybiotykoterapii, przy grzybicach, chorobach jelita grubego, nowotworach.

Sos jogurtowy, czyli J: do 1 l jogurtu/kwaśnego mleka/kefiru dodać posiekane liście zielonej bazylii lub posiekany koperek i listki szałwii – nie za dużo, lub oregano i szczypiorek, a w ostateczności tymianek, następnie dodać majeranek oraz mieloną paprykę słodką bądź też drobniutko posiekaną świeżą, wymieszać.

16. Sos pomidorowy pikantny

Zastosowanie: nowotwory (szczególnie jelita grubego, przełyku, płuc i żołądka), nadciśnienie, nadkwasota.

Sos pomidorowy, czyli P: 1 l soku pomidorowego (można ewentualnie do wrzątku dodać przecier czy koncentrat pomidorowy i rozrobić razem) do tego dodać chili lub pieprz cayenne, sól, natkę pietruszki i estragon, jeśli są, dać listki bazylii i dodać oregano (czyli lebiodkę), majeranek i szczypior z cebuli bądź posiekaną cebulę.

Surówki z warzyw kapustnych

Najprostsza wersja surówki to: dopadamy jakiegokolwiek przedstawiciela rodziny warzyw kapustnych, łapiemy tłumacząc, że powinien się poświęcić dla ogółu, dokonujemy ablucji tegoż i szatkujemy bądź rozdrabniamy w inny sposób, natychmiast mieszając z dowolnym sosem.

Wersje inne są bardziej barokowe, jakkolwiek zawsze zaczynają się prozaicznie od nalania do miski sosu.

17. Surówka z kapustnych z sałatą i rodzynkami

Zastosowanie: nowotwory (szczególnie jelita grubego, piersi, żołądka), nadciśnienie, miażdżyca, choroby przewodu pokarmowego, hemoroidy, polipy jelita grubego.

Do sosu jogurtowego dać sól, najlepiej kamienną, dodać sałatę najchętniej w wersji czerwonej, kminek (mielony naturalnie), łyżkę rodzynek i kapustę – jak wyjaśniłam kapusta występuje tu jako przedstawiciel, na jej miejscu może być kalafior, kapusta włoska, brokuł, kalarepa itd.

18. Surówka z kapustnych z selerem

Zastosowanie: nowotwory (szczególnie jelita grubego, piersi, żołądka), przewlekła niewydolność nerek, obrzęki, otyłość, nadciśnienie, zaparcia.

Do sosu jogurtowego dodać starty seler, sól, estragon, kminek, majeranek i warzywo z rodziny kapustnych.

19. Surówka z kapustnych z rzodkiewką i sałatą

Zastosowanie: nowotwory (szczególnie jelita grubego, piersi, żołądka), słaba odporność na infekcje bakteryjne, antybiotykoterapia, zaburzenia mikroflory jelitowej.

Do sosu jogurtowego dodać poszatkowaną rzodkiewkę, sól, sałatę zieloną, kminek, 1–2 łyżki mielonego siemienia lnianego, warzywo z rodziny kapustnych.

20. Surówka z kapustnych z pieczarkami, ogórkiem kiszonym i pomidorami

Zastosowanie: nowotwory (szczególnie jelita grubego, piersi, żołądka), słaba odporność na infekcje bakteryjne, antybiotykoterapia, zaburzenia mikroflory jelitowej, choroba wrzodowa żołądka, choroba wrzodowa dwunastnicy.

Do sosu jogurtowego dodać białą część pora pokrojonego w półplasterki, sól, kilka pieczarek lub innych grzybów pokrojonych na cieniutkie plasterki, 2 ogórki małosolne lub kiszone rozdrobnione w dowolny sposób, kminek, 2 pomidory pokrojone w cząstki i warzywo z rodziny kapustnych.

21. Surówka z kapustnych z zieloną papryką

Zastosowanie: nowotwory (szczególnie jelita grubego, piersi, żołądka), nadciśnienie, udar mózgu, miażdżyca.

Do sosu pomidorowego pikantnego dodać mielony sezam, sałatę, kminek, zieloną paprykę świeżą pokrojoną w makaronik i warzywo z rodziny kapustnych.

22. Surówka z kapustnych z zielonym ogórkiem

Zastosowanie: nowotwory (szczególnie jelita grubego, piersi, żołądka), cukrzyca, choroby przemiany materii, nadciśnienie.

Do sosu pomidorowego pikantnego dodać sezam, dwa ogórki świeże pokrojone w plasterki i wymieszane z sokiem z cytryny, koperek, kminek, siemię lniane w ilości 1–2 łyżek i warzywo z rodziny kapustnych.

23. Surówka z kapustnych z korzeniem pietruszki lub pasternakiem i kiszoną kapustą

Zastosowanie: nowotwory (szczególnie jelita grubego, piersi, żołądka), miażdżyca, nadciśnienie, wrzody żołądka lub dwunastnicy, udar mózgu, grzybice, przewlekła niewydolność nerek, zatrzymywanie wody w organizmie, wodobrzusze.

Do sosu pomidorowego pikantnego dodać starte na tarce 2 korzenie pietruszki lub zalać sosem rozdrobniony korzeń pasternaku, dać sezam, posiekaną kapustę kiszoną w ilości szklanki, kminek, siemię lniane i warzywo z rodziny kapustnych.

24. Półsurówka z kapustnych z sałatą i jajkami na twardo

Zastosowanie: nowotwory (szczególnie jelita grubego, piersi, żołądka), miażdżyca, nadciśnienie, wypadanie włosów, niedostateczne wydzielanie związków toksycznych z moczem, niewydolność nerek, słaba odporność na infekcje.

Ugotować jaja na twardo (po 1 jaju na osobę), wystudzić, obrać ze skorupki i posiekać.

Do sosu jogurtowego dodać ciut soli, sałatę, kminek, jaja oraz wymiennie kwiaty nasturcji wraz z posiekanymi liśćmi bądź kwiaty nagietka i coś z kapustnych.

Radzę podać to danie na letnie przyjęcie, jest bowiem i zabawne, i zdrowe – jest także przydatne, gdy podajemy dania z grilla.

Teraz danie z kapusty kiszonej, czyli wersja mojego ulubionego kapuśniaku mazurskiego.

25. Kapuśniak mazurski

Zastosowanie: nowotwory (szczególnie jelita grubego, piersi, żołądka), miażdżyca, nadciśnienie, wrzody żołądka lub dwunastnicy, uchyłkowatość jelita grubego, schorzenia wątroby (uszkodzenia polekowe, marskość, osłabienie działania).

Ugotować kapustę kiszoną: 1 l zimnej wody lekko posolić, dać 2 szkl. kapusty kiszonej, gotować do miękkości, czyli jedną, dwie godziny.

Do 1 l wrzątku dać w kolejności: 1 marchewkę pokrojoną w słupki, pora pokrojonego razem z liśćmi w półplasterki – jeśli trafił nam się dorodny okaz to wykorzystujemy połowę, starty na drobnej tarce korzeń pietruszki, 2 łyżki płatków owsianych, pieprz, maggi, sól, pokrojony grzybek świeży, a pokruszony suszony. Gdy warzywa i płatki są miękkie dodać kiszoną kapustę wraz z wodą, w której się gotowała, odstawić z ognia dodać dwie łyżki śmietany kwaśnej – dodaję słowo kwaśnej, gdyż jak to bystrze zauważyła moja znajoma, nie każdy orientuje się w niuansach technologii żywności i ktoś może dać śmietankę myląc ją ze śmietaną.

Jeśli chcemy urozmaicić sobie danie możemy: po wrzuceniu marchewki dać kilka schludnie pokrojonych w kostkę kartofelków, resztę dajemy bez zmian, pomijamy tylko płatki owsiane.

Możemy też dodatkowo, tam gdzie dajemy pieprz, dodać pokrojoną wędzonkę, kiełbasę lub przyrumienione na patelni plasterki lub kostki boczku, reszta zostaje w takiej kolejności jak w przepisie.

Obecnie zajmę się omawianiem innych przedstawicieli szlachetnej rodziny. Niewątpliwie na pierwsze miejsce zasługuje jarmuż, jest bowiem absolutnym rekordzistą, jeśli idzie o ilość wapnia, witaminy C i E oraz karotenu. Również brukselka ma spore ilości witaminy C. Ponieważ warzywa te są zimotrwałe, stanowią dowód na to, iż sama przyroda stara się o dostarczenie nam składników niezbędnych do dobrego samopoczucia i zdrowia, i niezależnie od pory roku, możemy za pomocą rodzimych roślin utrzymać nienaganną kondycję organizmu.

Niezależnie od rankingu witaminowo-mineralnego omawiam roślinki w kolejności alfabetycznej.

Brokuł

Ostatnio robi znaczną karierę, ponieważ zidentyfikowano w nim chroniący przed nowotworami sulforafan, ale prawda jest taka, że inne kapustne też go zawierają – tyle, że w mniejszej ilości. Jest to roślina podobna do kalafiora z ambicjami, który pnie się w górę, ma bowiem dość długą łodygę i róże podobne do kalafiora, tyle, że mniejsze i szarozielone, nie da się również ukryć, że jest bardzo smakowity. Zawiera w porównaniu z kapustą więcej karotenu i żelaza. Można uprawiać go z rozsady na zbiór letni i jesienny, nie nadaje się do przechowywania, bo trzymany w lodówce po dwóch – trzech dniach zaczyna kwitnąć. Można go za to mrozić.

26. Brokuł w „koronce"

Zastosowanie: nowotwory (szczególnie jelita grubego, piersi, żołądka), miażdżyca, nadciśnienie, słaba odporność na infekcje.

Ugotować róże brokuła we wrzątku z dodatkiem tłuszczu, wyjąć, (wodę zużyć np. do zup). Rozgrzać suchą patelnię, wsypać na nią bułkę tartą, dodać olej, podsmażyć, dodać odrobinę mielonej gałki muszkatołowej. Ugotować jaja na twardo, obrać z łupin, posiekać wymieszać z 2–3 łyżkami siekanego szczypioru lub rzeżuchy. Na talerz wyłożyć brokuły, polać bułką obsypać dookoła jajkami wymieszanymi z zieleniną.

Kto chce może dodatkowo po wierzchu posypać danie podsmażonymi skwarkami z boczku.

Brukselka

Jest to warzywo zimotrwałe, wyrasta w zależności od gleby i odmiany na jakieś pół metra w górę, ma na czubku łodygi zabawną „czuprynkę" z liści i mnóstwo małych główek osadzonych na głównym pędzie, są to miniaturki „dorosłych" kapust. Biedactwo jest jeszcze bardziej niedoceniana niż inni przedstawiciele rodziny i, prawdę mówiąc, nie spotkałam jeszcze osoby, która, pytana o ulubione warzywo wymieniłaby brukselkę. Niemniej jest to bardzo dzielna i pożyteczna roślinka. Pomijając jarmuż zawiera najwięcej witaminy C ze wszystkich kapustnych – przewyższają ją tylko natki oraz papryka i czarna porzeczka, ponadto ma więcej żelaza niż inne warzywa z tej rodziny. Oczywiście można brukselkę gotować tradycyjnie i polewać bułką tartą, ale... są lepsze metody. Ja proponuję brukselkę duszoną i namawiam do dorzucania jej do zup i dań warzywnych.

27. Brukselka duszona

Zastosowanie: nowotwory, podwyższony poziom cholesterolu, zaparcia, schorzenia wątroby, słaba odporność na infekcje bakteryjne, nadciśnienie.

Do 1 l wrzątku dodać odrobinę masła lub oleju, dodać 20–30 dkg brukselek, tradycyjnie odczekać kwadrans po zagotowaniu, dorzucić pokrojonego pora, pieprz, 2–3 łyżki soczewicy, najlepiej czerwonej, sól, maggi, estragon, kminek, cząber, majeranek i, albo dać pokrojoną wędzonkę lub kiełbasę, albo 3 ząbki czosnku rozdrobnione w dowolny sposób.

Jarmuż

Jest to bardzo dekoracyjna roślina. Po pierwszym wysiewie najlepiej zostawiać regularnie 2 rośliny na samosiew. Jest zimotrwały, nadaje się do jedzenia po pierwszym przymrozku. Namawiam do posadzenia kilku roślin na rabacie kwiatowej albowiem ciemnozielone kędzierzawe liście jarmużu stanowią piękne tło barwnych kwiatów. Wzmiankowane liście pozyskujemy przez cały okres zimy do konsumpcji, zaś na wiosnę odrastające, złocistozielone liście stanowią jedną z pierwszych nowalijek i nieco konkretniejszą niż natka pietruszki, a dokładnie tak samo wartościowa. Jarmuż wśród warzyw kapustnych wyróżnia się najwyższą zawartością witaminy E i karotenu, ma bardzo dużo witaminy C – jest w absolutnej czołówce, więcej mają tylko cztery rośliny. Ma najwięcej spośród wszystkich kapustnych witaminy B_2 i PP. I teraz porównania: zawiera więcej prowitaminy A niż marchew, a witamin C i E więcej niż sałata. Ma związki potasu, magnezu, fosforu i żelaza, a zwłaszcza łatwo przyswajalnego wapnia. Jest obok natki pietruszki najbogatszym źródłem tego pierwiastka, jest go w jarmużu dużo więcej niż w tak zachwalanym mleku, a ponadto jest on wyjątkowo łatwo przyswajalny, ze względu na optymalne proporcje innych składników, również magnezu (w odróżnieniu od mleka, gdzie magnezu trzeba dostarczać). Ponadto jarmuż ma dużo NNKT, czyli niezbędnych nienasyconych kwasów tłuszczowych, które zapobiegają odkładaniu się cholesterolu w ściankach tętnic, obniża ryzyko chorób serca*, ma też sulforafan – substancję hamującą rozwój i zapobiegającą występowaniu niektórych typów nowotworów. Najlepiej w okresie zimowym zjadać surówki z jarmużu z dodatkiem kiszonek, wówczas mamy pewność, że wiosenne zmęczenie i obniżenie odporności na infekcje wirusowe oraz bakteryjne będzie dotyczyć kogo innego, o profilaktyce osteoporozy nie wspominając.

28. Surówka z jarmużu

Zastosowanie: osteoporoza, nowotwory, polipy jelita grubego, miażdżyca, zaparcia, przewlekła niewydolność nerek, schorzenia wątroby (uszkodzenia polekowe, marskość, osłabienie działania), słabe czyszczenie krwi, podwyższony poziom cholesterolu, angina pectoris.

* Dr Caldwell B. Esselstyn Jr w publikacji „Chroń i lecz swoje serce" przedstawia program żywieniowy, który powoduje poprawę zdrowia i eliminację chorób serca. Książkę można kupić w sklepie www.vitalni24.pl (przyp. wyd.).

4–6 liści jarmużu opłukać. Do miski wlać 3 łyżki oleju, dodać pokrojoną w kostkę cebulę, sól, estragon, szklankę kapusty kiszonej lub 4 ogórki kiszone starte, kminek, 3 starte marchwie i posiekane drobno liście jarmużu.

Kalarepa

Jak śpiewał Jan Pietrzak – kalarepa z rodziny tej, co rzepa – jest to słuszne, bo i ta, i ta roślina należy do rodziny krzyżowych. Mamy odmianę zieloną i fioletową tej rośliny – dla działkowców i ogrodników-amatorów lepsza jest ta druga odmiana, bo dojrzewa wyjątkowo nierównomiernie i zapewnia tym samym ciągłe zbiory, ponadto bardzo dobrze się przechowuje. Zawartość składników jest w kalarepie podobna jak w kapuście. Niespodzianką jest to, że więcej witaminy C mają liście kalarepy niż jej jadalne zgrubienie, ma też ona więcej błonnika niż inne rośliny kapustne, stąd lepiej podawać ją na ciepło. A oto przepis na miłą, letnią zupkę.

29. Zupa z kalarepy z lanymi kluskami

Zastosowanie: nowotwory (szczególnie jelita grubego, piersi, żołądka), wrzody żołądka lub dwunastnicy, niestrawność, nadciśnienie.

Przygotować lane kluski: do 1 łyżki wody dać ciut soli, dodać 3 łyżki mąki pszennej, odrobinę tymianku, jajo, wymieszać wszystko starannie, dodać szczyptę gałki muszkatołowej.

Do 1,5 l wrzątku dodać pokrojoną w plasterki młodą marchewkę (może być również marchew w średnim wieku, starta na tarce), starte 4 kalarepy (jeśli są z własnej uprawy to także posiekane liście), dodać pieprz, Vegetę, sezam, natkę pietruszki, natkę koperku, tymianek, masło. Na wrzącą zupę stopniowo wlewamy lane kluski, po zagotowaniu zupę wyłączyć i oczywiście zjeść.

Kalafior

Jego uprawa jest dość trudna, są jednak obecnie amatorskie odmiany z zielonymi różami, ponoć nie wymagające tyle trudu, niemniej moja jedyna próba uprawy skończyła się niepowodzeniem i odtąd kalafiory po prostu kupuję. Kalafior zawiera najmniej błonnika ze wszystkich kapustnych, jest więc najlżej strawny. Zawiera dwa razy więcej witaminy C niż kapusta biała, sporo witamin z grupy B, karoten oraz minerały. Pod względem zawartości białek i ich przyswajalności dla organizmu kalafior przewyższa inne warzywa kapustne. Ze względu na wartości odżywcze i lekkostrawność kalafior jest szczególnie zalecany w żywieniu dzieci, osób starszych i jako produkt dietetyczny.

30. Kalafior w cieście

Zastosowanie: nowotwory (szczególnie jelita grubego, piersi, żołądka), miażdżyca, słaba odporność na infekcje bakteryjne.

Kalafior podzielić na różyczki i starannie wypłukać. Przygotować ciasto: do 1/3 szklanki wody dodać sól, niecałą szklankę mąki, oregano, 2 jaja, łyżeczkę gałki muszkatołowej i 2–3 rozdrobnione ząbki czosnku, ubić. Rozgrzać olej lniany lub rzepakowy w garnku o szerokim dnie, tyle by kalafior pływał. Różyczki kalafiora zanurzać w cieście – ciasto powinno być gęste i nie spływać – w razie czego zwiększyć ilość mąki – i obsmażać na złoty kolor, kalafior powinien pozostać lekko twardawy.

Kapusta włoska

Ma liście karbowane o barwie intensywnie zielonej i wbrew pozorom delikatności jest bardziej odporna na przymrozki niż kapusta biała. W porównaniu z tą ostatnią zawiera więcej żelaza, magnezu i karotenu. Ma też najwyższą ze wszystkich kapustnych zawartość witamin z grupy B oraz mniej błonnika (pomijając kalafior). Może być stosowana w żywieniu osób, które źle tolerują inne rośliny kapustne. Może być dodatkiem do zup, stanowić składnik surówek czy półsurówek, warzyw duszonych, wchodzić w skład risotta czy warzyw faszerowanych.

31. Pomidory faszerowane kapustą

Zastosowanie: nowotwory (szczególnie jelita grubego, piersi, żołądka), wrzody żołądka lub dwunastnicy, nieżyt żołądka, nadciśnienie, miażdżyca, zaparcia, niedostateczne wydzielanie związków toksycznych z moczem, niewydolność nerek, słaba odporność na infekcje.

Zrobić ryż na sypko: do szklanki wrzątku dodać masło, ryż – 3 łyżki, gotować kwadrans potem dać pod kołdrę lub dopiekać w piekarniku. Można wykorzystać też ryż pozostały z drugiego dania. 6 pomidorów wydrążyć, środki zużyć do zupy lub sosu. Natrzeć pomidory wewnątrz rozgniecionymi ząbkami czosnku. Ryż wymieszać z solą, posiekanymi pieczarkami, odrobiną maggi, natką pietruszki, odrobiną soku z cytryny, tymiankiem, majerankiem i poszatkowaną kapustą włoską – ok. 1/8 główki. Traktować jako przekąskę lub śniadanie.

Na tym kończę prezentację warzyw kapustnych i mam nadzieję, że określenie „kapuściana głowa" odtąd będzie traktowane jak komplement, bo sami Państwo przyznajcie, że mieć tyle w „głowie", co kapusta nie każdemu jest dane.

WARZYWA KORZENIOWE I RZEPOWATE

Warzywa korzeniowe i rzepowate należą do dość licznej grupy, należącej do różnych przemian. Charakterystyczną cechą tych warzyw jest bogactwo związków mineralnych i wysoka zawartość błonnika pokarmowego. Ponadto na ogół bardzo dobrze się przechowują i mogą stanowić cenną pozycję naszego jadłospisu późną jesienią, zimą i na przedwiośniu – nie znaczy to oczywiście, że nie zjadamy ich w ciągu całego roku. Osoby, które na ogół żywią się drożdżówkami popijanymi kawą, ludzie starsi, dzieci żywione pokarmami papkowatymi, nie wymagającymi gryzienia, mogą mieć pewne kłopoty przy zjadaniu surówek z tych warzyw, dlatego też polecam rozdrabnianie ich na tarce o drobnych otworach, a najlepiej w malakserze. Omawianie tej grupy rozpocznę od warzyw należących do przemiany Ziemi.

Marchew

Jest to roślina dwuletnia, w pierwszym roku buduje korzeń zapasowy, służący w drugim roku do zaopatrzenia w pokarm kwiatów i nasion. Nas jednak życie osobiste marchewki nic nie obchodzi i zbieramy ją w pierwszym roku zjadając korzenie z dużą satysfakcją. Uprawiając marchew w gruncie dobierajmy starannie odmiany, aby mieć ciągły zbiór tej rośliny. W okolicach Wrocławia można wczesne odmiany marchwi wysiewać późną jesienią, wiosną przykryć włókniną i w ten sposób mamy zbiór bardzo wczesny.

Najlepiej siać marchew na tej samej grządce, na której będziemy sadzić cebulę z dymki, pory lub czosnek, gdyż warzywa cebulowe chronią marchew przed połyśnicą marchwianką (skutki ataku oglądamy w korzeniach zamienionych na kwatery niewielkich robaczków, drążących korytarze i znakomicie czujących się w naszej marchwi, podczas gdy my coś zdecydowanie nieżyczliwego mrucząc pod nosem dokonujemy stanowczych cięć, pozbywając się nieproszonych lokatorów), a jednocześnie marchewka oddaje podobną przysługę warzywom cebulowym chroniąc je przed ich pasożytem. Na grządce wysiewam mniej więcej 3 rządki marchwi na 1 rządek warzyw cebulowych, z życzliwością obserwując ich dobrosąsiedzkie kontakty. Marchew, jak wiadomo każdemu, jest bogatym źródłem karotenu będącego prowitaminą A, ale nie każdy już wie, że karoten jest lepiej przyswajany w obecności tłuszczu i po ugotowaniu, stąd lepiej dodawać marchew do zup i podawać w formie duszonej. Oprócz karotenu marchew zawiera liczne związki mineralne m.in.: żelaza, manganu, miedzi, cynku, niklu, chromu, bromu, kobaltu i fluoru, ponadto witaminy B_1, B_2, B_6, witaminę PP, D, E i K i szereg niezbędnych aminokwasów. Marchew i sok z marchwi (należy zawsze dać do soku odrobinę oleju!) stosujemy przy niedokrwistości i osłabieniu ogólnym (także w rekonwalescencji po zawale), w gośćcu i kamicy żółciowej oraz jako środek moczopędny. Oprócz korzenia wykorzystujemy natkę marchewki, gdyż jest ona wybitnie bogata w witaminę E i to w wyjątkowo dla nas korzystnej formie. Najlepiej marchew z przerywki lub natkę po pozyskaniu marchwi pokroić i dodawać do potraw gotowanych. Jesienią, gdy zbieramy marchew, wierzchołki natki zbieramy i zamrażamy lub suszymy, tracimy, co prawda część witaminy E, ale i tak sporo zostaje. Odwar z naci suszonej możemy też stosować w leczeniu hemoroidów, do przemywania czy okładów. No i na koniec tradycyjnie przepis, z jeszcze jedną uwagą. Otóż zła sława marchewki duszonej bierze się z zupełnie niepotrzebnego dosładzania tej potrawy, podczas gdy ta sama marchewka przyprawiona pikantnie jest bardzo smaczna. Zachęcam do wypróbowania.

32. Marchewka duszona pikantna

Zastosowanie: nowotwory (szczególnie płuc, przełyku, jamy ustnej, żołądka) podwyższony poziom cholesterolu, niedokrwistość, kamica nerkowa, przewlekła niewydolność nerek, reumatyzm, zapalenie zatok, choroby serca (zawał, choroba wieńcowa), kamica żółciowa, miażdżyca.

Do 1 litra wrzątku dodać (w zależności od wielkości korzeni) 5–7 sztuk marchewek pokrojonych w kostkę, półplasterki lub rozdrobnionych w inny sposób. Dodać w kolejności pieprz, pokrojoną w kostkę cebulę i 3–4 rozdrobnione ząbki czosnku lub pokrojonego w półkrążki pora i dusić razem. W sezonie możemy dodać też kalarepę pokrojoną w kostkę. Następnie dodać łyżeczkę Vegety lub jarzynki, ciut soli i ew. maggi, estragon, a w sezonie szklankę świeżego zielonego groszku i natkę pietruszki lub koperku, kminek lub tymianek, łyżkę masła i majeranek.

Burak ćwikłowy

Kolejna bardzo popularna roślina, bo czy można sobie wyobrazić naszą kuchnię bez czerwonego barszczyku? Podobnie jak marchew, burak jest rośliną dwuletnią, siejemy go na początku kwietnia (okolice Wrocławia), po wschodach nie warto robić przerywki, bo burak znakomicie znosi przesadzanie i rośliny przesadzone są nawet bardziej dorodne. Burak zawiera znaczne ilości węglowodanów w tym związki pektynowe hamujące procesy gnilne w jelitach, ponadto cenne związki mineralne takie jak żelazo, mangan, kobalt, potas, wapń, witaminy B_1, B_2, B_5, kwas foliowy, antocyjany i aminokwasy oraz betainę poprawiającą przyswajanie białka. Kobalt jest wykorzystywany przez mikroflorę jelitową do budowy witaminy B_{12}, która wraz z kwasem foliowym uczestniczy w tworzeniu się czerwonych ciałek krwi. Kompleks witamin B ma dodatni wpływ na przemianę materii, procesy zapamiętywania i układ nerwowy oraz na proces krwiotwórczy. Potrawy z buraka są zalecane przy otyłości, nadciśnieniu, schorzeniach wątroby i nerek oraz zaparciach. Kiszone buraki są znakomite na schorzenia wątroby oraz przy regulowaniu mikroflory jelitowej – należy sok z nich popijać zwłaszcza po kuracji antybiotykami. A oto przepis na buraczki na jarzynę, który można wykorzystać zarówno jako sałatkę do II dania jak i jako półprodukt. Podała mi ten przepis moja dobra znajoma, ja przepis opracowałam wg Pięciu Przemian i nazwałam te buraczki na jej cześć:

33. Buraczki à la Absalon

Zastosowanie: niedokrwistość, obfite krwawienia miesięczne, nowotwory, kamica nerkowa, przewlekła niewydolność nerek, schorzenia wątroby, nadciśnienie, reumatyzm, zaparcia.

Ugotować w łupinach 6 kg buraków, ostudzić, obrać ze skórki i zetrzeć na grubej tarce. Do naczynia dać starte buraki i zalać zalewą.

Zalewa: do 6 szklanek wrzątku dodać po kolei pokrojone w półkrążki cebule – 4 szt., 15 sztuk ziela angielskiego (można trochę rozgnieść), kilka ząbków czosnku posiekanych, posolić do smaku solą kamienną, dodać kwas mlekowy spożywczy do smaku, czyli od 2 do 4 łyżek kwasu 10% (można dać więcej), następnie dodać 15 sztuk liści laurowych i szklankę cukru lub słoiczek miodu. Zostawić buraki w zalewie na 24 godziny, potem przełożyć do słoików i pasteryzować około 20 minut. Przechowywać słoiki w ciemnym, w miarę chłodnym miejscu.

Rzepa

Jest jedną z najstarszych roślin uprawianych na naszych ziemiach. Uprawiano ją na przykład w Biskupinie, w Krzyżakach jest opis pieczonej rzepy jako podstawowego dania Litwinów, była razem z brukwią powszechnie uprawiana do XIX wieku. Potem te rośliny zostały wyparte przez ziemniaki, no i obecnie jest znacznie mniej popularna, a szkoda. Zasadniczo uprawiamy dwie odmiany białą i żółtą. Należy je wysiewać dość rzadko, przerywać przed tworzeniem zgrubień wykorzystując do surówek i dań ciepłych. Jeśli zaniedbamy przerywkę, zgrubienia mogą się nie wytworzyć bądź będą zniekształcone. Rzepa zawiera dużo fosforu, potas, żelazo, cynk, mangan, a z witamin C, B_1, B_2, B_3, kwas pantotenowy, karoten – odmiana o żółtym miąższu, związki obniżające poziom cholesterolu i przeciwnowotworowe. Jadalne są również liście zawierające magnez, karoten i znacznie więcej witaminy C niż korzenie. Rzepa spożywana na surowo reguluje poziom cholesterolu*, pomaga przy zaparciach, poprawia przyswajanie składników pokarmowych, sok z rzepy z miodem jest stosowany przy chorobach układu krążenia oraz przy suchym kaszlu (przy kaszlu zwiększamy ilość miodu do łyżki na szklankę soku, przy chorobach układu krążenia dajemy łyżeczkę). Poniżej podaję przepis na surówkę z rzepy, szczególnie przydatną dla nadciśnieniowców.

* W książce „Obniż swój cholesterol" dr Janet Bond Brill podaje dziesięć prostych i łatwych do wprowadzenia zmian w jadłospisie i stylu życia, aby zachować właściwy poziom cholesterolu. Publikacja dostępna jest w sklepie www.vitalni24.pl (przyp. wyd.).

34. Surówka z rzepy z winogronami

Zastosowanie: choroby serca (zawał, choroba wieńcowa), podwyższony poziom cholesterolu, miażdżyca, nowotwory, zaparcia, niedostateczne przyswajanie składników pokarmowych (złe trawienie).

Do miski wlać pół litra jogurtu, dodać pęczek cienkiego szczypiorku, winogrona przekrojone na pół (kilkanaście jagód), startą rzepę – 3 sztuki razem z posiekanymi liśćmi.

35. Surówka z rzepy z pomidorami

Zastosowanie: miażdżyca, nowotwory, nadciśnienie, zaparcia, niedostateczne przyswajanie składników pokarmowych (złe trawienie).

Do miski wlać pół litra jogurtu, dodać pęczek cienkiego szczypiorku, 3 pomidory pokrojone w cząstki i startą rzepę – 3 sztuki.

Brukiew vel karpiel

Roślina kojarząca się obecnie raczej z martyrologią – zupy z brukwi dla więźniów obozów koncentracyjnych lub też paszą dla zwierząt. A jest to roślinka miła, niekłopotliwa w uprawie, wydajna i naprawdę smaczna. Uprawia się ją z siewu wprost do gruntu, przerywa i sadzi na nowe miejsca – przesadzona jest dorodniejsza, na początku odchwaszcza i w zasadzie na tym kończą się zabiegi uprawowe, bo potem zagłuszy chwasty, można pozyskiwać liście do surówek, podobnie jak u rzepy. Brukiew przechowuje się dobrze, może być spożywana zarówno na surowo jak i na ciepło np. można zrobić marchew z brukwią na jarzynkę, dodawać do zup. Brukiew zawiera więcej niż inne rośliny rzepowate suchej masy, zawiera związki mineralne podobne do rzepy, więcej witaminy C, jest stosowana w chorobach przewodu pokarmowego i dróg żółciowych. A teraz kolej na przepis.

36. Zupa z brukwi

Zastosowanie: słaba odporność na infekcje, schorzenia wątroby, zaparcia, niedostateczne wydzielanie żółci.

Do 2 litrów wrzątku dać pokrojoną jak na frytki brukiew jedną lub 2 sztuki, dodać podsmażone na patelni 2 cebule z 20 dkg boczku (wegetarianie dają cebulę i 2 ząbki czosnku), pieprz, mielone ziele angielskie, 1 łyżkę Vegety, 2–3 grzybki np. pieczarki, kilka łyżek śmietany, pęczek koperku – jeśli jest, kminek, majeranek.

A teraz roślina, która częściowo należy do przemiany Ziemi, a częściowo do przemiany Metalu. Kiedyś była bardzo powszechnie spożywana, dziś zostało powiedzenie: figa z makiem, pasternakiem. Tą rośliną jest oczywiście:

Pasternak

Jest to roślina dwuletnia, mająca jadalny korzeń barwy kremowej, o smaku pośrednim między łagodną mączystością naszego ulubionego ziemniaczka, a lekko pikantnym smakiem wyniosłej pietruszki. Kiedyś był bardzo popularny, ale wraz z wprowadzeniem do powszechnej uprawy ziemniaka stracił na znaczeniu. Warto jednak wprowadzić go do uprawy w ogrodach warzywnych zarówno ze względu na właściwości lecznicze jak i na oryginalny smak. Nasiona pasternaku należy wysiewać jak najwcześniej i dość rzadko. Nasiona są duże, bardzo płaskie i lekkie, szybko tracą zdolność kiełkowania (już po roku). Najlepiej po wykopaniu korzeni na jesieni (część można zostawić w gruncie, są mrozoodporne), zostawić jedną, dwie rośliny by zawiązały nasiona wiosną i same się rozsiały. Co prawda, jeśli ktoś całą swą istotą uwielbia równiutko od linijki posiane i posadzone roślinki, to będzie cierpiał nad nie uporządkowanym wzrostem siewek, ale za to rośliny takie wyróżniają się swą dorodnością i wielkością. Jeśli dusza miłująca porządek przeważy – cóż, rośliny będą rosły grzecznie, ale będą dużo mniejsze. Oczywiście wśród siewek dokonujemy przerywki, a te roślinki wykorzystujemy jako zielony dodatek do surówek i dań ciepłych. Korzeń pasternaku zawiera wiele cennych substancji między innymi o działaniu przeciwnowotworowym, witaminy B_1, B_2, C oraz karoten, pektyny, jest też bardzo dobrym źródłem potasu i fosforu. Wyciągi z pasternaku stosuje się w leczeniu bielactwa. Pasternak stosuje się w chorobach nerek, obrzękach, chorobach przewodu pokarmowego i w bezsenności na tle nerwowym. Nać pasternaku również zawiera substancje lecznicze, dlatego można ją wykorzystywać do przyprawiania potraw. Korzeń możemy stosować zamiennie z ziemniakiem do zapiekanek, sałatek, zup, młode korzenie można też stosować do surówek. A oto przepisy na dania z pasternaku.

37. Zapiekanka z korzenia pasternaku

Zastosowanie: nowotwory, obniżona odporność na infekcje, choroby serca (angina pectoris, niewydolność wieńcowa), nadciśnienie.

Ugotować w łupinach 4–5 korzeni, ostudzić obrać i pokroić na półplasterki. Ugotować jaja na twardo. Na dno naczynia do zapiekania wlać mały kubek niskoprocentowej śmietany, dać kilka liści laurowych, majeranek, 2–3 cebule cienko pokrojone w plasterki, pieprz, sól, maggi, 20 dkg świeżych grzybów pokrojonych w plastry (mogą być pieczarki), estragon lub trybulę, kminek, pasternak i posiekane jaja na twardo (po jednym na osobę). Zapiekać pod przykryciem około godziny w temperaturze 180 stopni.

38. Sałatka z pasternakiem

Zastosowanie: miażdżyca, nowotwory, obniżona odporność na infekcje, przewlekła niewydolność nerek, zaburzenia mikroflory jelitowej, nadciśnienie, podwyższony poziom cholesterolu, otyłość.

Ugotować korzenie jak wyżej. Do miski dać kilka łyżek oleju, cebulę pokrojoną w kostkę, dwie, trzy łyżki musztardy, sól, estragon, szklankę poszatkowanej kapusty kiszonej lub ogórki kiszone pokrojone w kostkę, kminek, puszkę groszku konserwowego i pokrojone w drobną kostkę korzenie pasternaku.

Kolejne rośliny korzeniowe należą do przemiany Metalu.

Pietruszka korzeniowa

Jest to roślina popularna, wykorzystuje się zarówno korzeń jak i natkę. Nasiona najlepiej wysiewać wczesną wiosną, co daje możliwość powtórnych siewów, w razie, gdy rośliny słabo wykiełkują. Koniecznie należy robić przerywkę, gdyż w przeciwnym razie korzenie będą bardzo długie, wąskie i będą szybko wysychać przy przechowywaniu. Rośliny z przerywki naturalnie zjadamy. Korzeń pietruszki zawiera co prawda niewiele witamin (w odróżnieniu od liści), ale za to dużo substancji mineralnych oraz czynnych, w tym działające odkażająco. Surowy korzeń pietruszki oraz sok z korzeni przede wszystkim zwiększa wydalanie moczu i substancji toksycznych. Zapobiega gromadzeniu płynów w jamie brzusznej, ma działanie odkażające, poprawia przyswajanie pokarmów, uodparnia, pomaga we wzdęciach i bólach brzucha, korzystnie działa na stan skóry, ma też działanie lekko przeczyszczające. Właściwości lecznicze mają też nasiona pietruszki, odwar z nich (1 łyżka nasion na szklankę zimnej wody, gotować 5 minut, parzyć kwadrans, pić między posiłkami) jest polecany w stanach zapalnych nerek i pęcherza, z tym, że zbyt duże dawki odwaru mogą powodować kurcze macicy, dlatego nie należy stosować go w czasie ciąży. Można zmielić nasiona pietruszki i niewielkie ilości dodawać do potraw gotowanych, jest to znacznie bezpieczniejszy sposób, no i mniej kłopotliwy. Na co dzień, jeśli nie mamy zbyt dużych kłopotów z nerkami, najlepiej zjadać surówki z dodatkiem korzeni pietruszki. Poniżej przepis.

39. Surówka detoksykacyjna

Zastosowanie: nowotwory, przewlekła niewydolność nerek, niedostateczne „czyszczenie krwi", reumatyzm, puchlina wodna, niedostateczne wydzielanie żółci, otyłość.

Do naczynia wlać mały kubek jogurtu, dodać kminek, majeranek (jeśli będą pomidory gruntowe to 3–4 sztuki pokrojone w cząstki), ćwiartkę poszatkowanej kapusty białej lub włoskiej bądź rozdrobnione liście jarmużu i 4 starte korzenie pietruszki.

Seler

Jest to roślina najczęściej kojarzona z porem w charakterze dodatku do rosołu lub jako jarzynka do zup i całkowicie niedoceniana jeśli chodzi o walory zdrowotne. Seler uprawiamy z rozsady, powinien być sadzony możliwie płytko, bo inaczej otrzymamy dużo drobnych korzeni zamiast sporego zgrubienia. Seler potrzebuje gleby żyznej, bogatej w składniki pokarmowe i dość sporo wody. Najcenniejszy jest spożywany w formie surowej. Lecznicze właściwości ma korzeń, liść i nasiona selera – jest to więc roślina dość wszechstronna. Korzeń selera zawiera witaminy B_1, B_2, PP, związki potasu, fosforu, wapnia, szereg cennych substancji m.in. cholinę. Korzeń selera jest stosowany w otyłości, nerwicach, schorzeniach nerek, pęcherza moczowego, wątroby, alergiach skórnych oraz zaparciach. Liście selera (możemy je mrozić w całości po kilka sztuk i potem wykorzystywać w kuchni) działają podobnie jak insulina i mogą być stosowane przy cukrzycy, łagodzą niestrawność i kolki przewodu pokarmowego, zawierają oprócz związków mineralnych dużo witaminy C i karoten. Sok z liści i łodyg ma działanie moczopędne, a świeże rozdrobnione liście stosuje się jako okłady na zmiany skórne, rany i wypryski. Liście najlepiej dodawać do potraw gotowanych, do koktajli warzywnych oraz drobno posiekane do surówek czy sałatek, można też okładać nimi ryby, przed przygotowaniem z nich potraw, ponieważ likwidują rybi zapach, nie przez wszystkich tolerowany. Nasiona selera zmielone stosuje się w chorobach nerek, w diecie bezsolnej, a odwar z nich jest zalecany przy bolesnych menstruacjach. Jeszcze raz na koniec przypomnę, że seler znakomicie usuwa toksyny z organizmu i „czyści krew", dlatego należy go stosować jak najczęściej, zwłaszcza, gdy w rodzinie mamy osoby z dolegliwościami nerek.

40. Surówka z selera

Zastosowanie: nowotwory, przewlekła niewydolność nerek, niedostateczne „czyszczenie krwi", nerwice, miażdżyca, podwyższony poziom cholesterolu, nadciśnienie, reumatyzm, otyłość.

Do naczynia wlać pół litra jogurtu, dodać kminek, majeranek, ćwiartkę poszatkowanej kapusty białej lub włoskiej lub też surowy rozdrobniony brokuł czy nieduży kalafior, posolić niedużo i dodać estragon, trybulę czy natkę pietruszki (jeśli mamy naturalnie), oregano, łyżkę lub dwie rozdrobnionych orzechów (przy miażdżycy i „na pamięć" dodać dwie łyżki mielonego siemienia lnianego) i starte 2 średnie selery. Jeśli ścieramy seler na tarce, a nie w malakserze to utarte porcje selera jak najszybciej mieszać z resztą surówki, by nie zdążył ściemnieć.

Rzodkiewka

Jest to chyba najpopularniejsza roślina z rodziny rzepowatych. Można ją wysiewać jako znacznik przy roślinach wolno kiełkujących takich jak marchew czy pietruszka. Sieje się rzodkiewkę przez cały okres wegetacyjny z wyjątkiem lata, bo wybija w pędy kwiatowe, uważając by nie posiać zbyt głęboko i gęsto, bo wówczas będziemy mieć źle wykształcone zgrubienia. Mamy odmiany o zgrubieniu biało-czerwonym i czerwonym, nadające się do uprawy pod osłonami i w gruncie – słowem – rzodkiewkę można uprawiać w każdych warunkach. Rzodkiewka zawiera stosunkowo mniej błonnika niż inne rzepowate, dlatego nadaje się do żywienia dzieci i osób starszych. Rzodkiewka zawiera witaminy B_1, B_2, PP, C – liście znacznie więcej, składniki mineralne takie jak wapń, żelazo, fosfor, potas, magnez (i znowu magnezu więcej w liściach), miedź, cynk, nikiel, fluor, stront, związki siarki i fitoncydy działające odkażająco i bakteriobójczo. Należy spożywać ją na surowo jak najczęściej bowiem działa korzystnie przy miażdżycy, chorobach wątroby i woreczka żółciowego oraz reguluje działanie przewodu pokarmowego.

41. Twarożek rzodkiewkowy

Zastosowanie: nowotwory, zaparcia, miażdżyca, zaburzenia mikroflory jelitowej, obniżona odporność na infekcje.

Do 2–3 łyżek jogurtu dodać kolejno i mieszać: natkę koperku, tymianek, majeranek, 2 łyżki mielonego siemienia lnianego, kilkanaście rzodkiewek startych na tarce, sól i 20 dkg twarogu. Posmarować taką pastą kromkę grahama i mamy smaczne i lecznicze śniadanie.

Czarna rzodkiew

Nazywana w kręgach kiepsko poinformowanych czarną rzepą. Wysiewana jest stosunkowo późno, zbiera się ją jesienią, można ewentualnie część zostawić w gruncie, gdy zima jest łagodniejsza cały czas będzie rosnąć. Rzodkiew bardzo dobrze się przechowuje. Jest podobnie jak inne rzepowate rośliną znaną od najdawniejszych czasów – można powiedzieć, iż już starożytni Egipcjanie cenili jej właściwości lecznicze. U nas rzodkiew jest mało popularna, a to ze względu na silny zapach powstający w wyniku utleniania związków siarki.

Należy pamiętać, że czarna rzodkiew dezynfekuje drogi oddechowe i moczowe niszcząc bakterie także antybiotykooporne, wpływa korzystnie na stan włosów i paznokci – stąd moja rada – jeść i wietrzyć. Rzodkiew jest bogata w związki mineralne fosfor, wapń, żelazo, siarkę, magnez, a szczególnie potas oraz związki bakteriobójcze. Znane są przede wszystkim żółciopędne właściwości tej rośliny – powoduje rozkurczenie dróg żółciowych i zapobiega tworzeniu złogów, a tym samym zapobiega kamicy. Ponadto rzodkiew powoduje poprawę perystaltyki jelit, ułatwia przyswajanie składników pokarmowych, wydalanie cholesterolu. Sok z rzodkwi z miodem (najpierw miód potem sok w proporcji 1:1) stosuje się w stanach zapalnych dróg oddechowych, zapaleniu oskrzeli, suchym kaszlu. Sok z rzodkwi jest stosowany do nacierania głowy w celu poprawy stanu włosów (naciera się sokiem skórę raz koło razu, zostawia na kwadrans potem spłukuje, najlepiej łączyć to z myciem głowy). Stosować systematycznie, co tydzień, co najmniej przez kilka miesięcy. Nalewka alkoholowa z nasion lub korzeni może być stosowana do przemywania skóry przeciw piegom, a sok połączony z alkoholem stosuje się do nacierania przy reumatyzmie, gośćcu, zapaleniu korzonków nerwowych.

42. Surówka żółciopędna

Zastosowanie: obniżona odporność na infekcje, schorzenia wątroby, niedostateczne wydzielanie żółci, kamica żółciowa, niedostateczna perystaltyka jelit, choroby przemiany materii, podwyższony poziom cholesterolu.

Do naczynia wlać pół szklanki oleju lnianego lub rzepakowego, dodać majeranek, starte trzy czarne rzodkwie, sól, 3-4 ogórki kiszone starte lub pokrojone w ćwierć plasterki, kminek, 3 starte marchwie, pęczek szczypioru z cebuli lub 2 cebule pokrojone w kostkę, 1/4 główki poszatkowanej drobno lub startej na grubej tarce kapusty białej lub włoskiej.

WARZYWA LIŚCIOWE

Warzywa liściowe tworzą liczną grupę roślin, w skład której wchodzą tak znane i lubiane „listki" jak sałata, rzeżucha, szczypiorek, koperek, szczaw, szpinak, natka pietruszki, cykoria i mniej znane, a warte upowszechnienia jak boćwina czy trętwian. Wspólną cechą tych roślin są oczywiście jadalne liście zawierające znaczne ilości chlorofilu, a tym samym magnezu. Najlepiej rośliny te zjadać na surowo z rozmaitymi dodatkami lub – zwłaszcza natki – dodawać do rozmaitych dań, by wzbogacić ich wartość witaminową i mineralną. Rośliny zawierające kwas szczawiowy należy zjadać po obróbce cieplnej, gdyż wtedy kwas ten się rozkłada. Dlatego szpinak i szczaw należy zjadać na ciepło, a nie w formie surowej, inaczej będzie tworzył nam się szczawian wapnia osadzający się w nerkach.

Najbardziej znanym warzywem liściastym są niewątpliwie rozmaite odmiany sałat: głowiasta o delikatnych liściach, głowiasta krucha o liściach jędrnych i chrupkich, liściasta nie tworząca główek tylko rozety liściowe, często o ozdobnie powycinanych liściach, które można stopniowo obrywać. Mamy także oprócz sałat zielonych odmiany barwne o liściach zabarwionych purpurowo zawierających antocyjany i pięknie prezentujących się na zagonach. Zresztą w ogóle roślina ta może stanowić ozdobę warzywnika lub dla tych, którzy lubią oryginalne połączenia – może stanowić tło i podnosić urodę kwiatów pięknie prezentujących się na delikatnym, zielonym tle. Zacznę jednak rośliny liściaste omawiać w kolejności alfabetycznej i dlatego na pierwszym miejscu znajdzie się boćwina.

Boćwina

Jest to roślina stara, o szacownym rodowodzie, szczególnie popularna na dawnej Litwie – stąd na ludzi pochodzących z tamtych okolic mówiono – boćwinkowie. Obecnie praktycznie się jej nie uprawia, a szkoda, ma bowiem dużo zalet i przy tym, jak wszystkie stare odmianowo rośliny, jest wytrzymała na rozmaite warunki, niekłopotliwa w uprawie. Za pierwszym razem boćwinę (czyli buraka liściowego) wysiewamy, a potem, gdy zostawimy roślinę na nasiona, to albo rozsieje się sama, albo po zebraniu nasion my siejemy. Burak liściowy jest rośliną dwuletnią, może zimować w gruncie, na wiosnę pokazują się jasnozielone liście o pofałdowanych bardziej lub mniej brzegach.

Mamy dwa rodzaje buraka liściowego – jeden ma duże żółtozielone liście i dość cienkie ogonki liściowe, a drugi jasnozielone liście i grube oraz szerokie ogonki liściowe nadające się do kiszenia. Boćwina należy do przemiany Drzewa, ma bardzo wszechstronne zastosowanie, bo można w zasadzie przygotowywać z niej jarzynę – podobnie jak szpinak, można dodawać do zup – np. zupa szczawiowo-boćwinowa, można robić zapiekanki o bardzo sympatycznym smaku.

Burak liściowy jest bardzo wydajny, ponieważ liście odrastają aż do mrozów, znosi znakomicie upały i spokojnie można nim zastąpić szpinak. Na jesieni ogonki liściowe kisimy tak jak inne warzywa, przechowują się bardzo dobrze, a używamy ich najchętniej do zrobienia pysznej, kwaśnej zupy. Burak liściowy jest rośliną bogatą w związki biologicznie czynne, minerały i witaminy zwłaszcza karoten (zawiera go o wiele więcej niż sałata, koperek czy nawet szczaw), witaminy grupy B, witaminę PP i stosunkowo mniej C, ze związków mineralnych wyróżnia boćwinę wysoka zawartość wapnia – przewyższa ona pod tym względem inne rośliny liściowe. A poniżej przepis na zapiekankę z buraka liściowego.

43. Zapiekanka z buraka liściowego

Zastosowanie: nowotwory (szczególnie płuc, przełyku, jamy ustnej, żołądka), osteoporoza, nerwice, miażdżyca, udar mózgu, ślepota zmierzchowa, wysuszenie skóry i suchość błon śluzowych.

20 liści buraka liściowego zalać 1/2 szklanki wrzątku – w niewielkiej ilości, wystudzić i pokroić. Na dno naczynia do zapiekania dać trochę oliwy, posiekane ząbki czosnku, posolić, dodać estragon. Włożyć podgotowaną boćwinę, wierzch posypać tartym serem owczym – typu oscypka i zalać sosem:

2–3 surowe jaja utrzeć w naczyniu dodać pieprz, mieloną lub startą gałkę muszkatołową, maggi, natkę pietruszki, 2–3 łyżki śmietany, tymianek i majeranek. Zapiekanki wstawić do piekarnika na dwadzieścia minut do temperatury 180 stopni, potem wyjąć, podzielić na części. Można jeść z ziemniakami lub też surówkami jako samodzielne danie. Można też zamiast oscypka dać mielone mięso z indyka lub kurczaka wymieszane z kminkiem i majerankiem, i całość zapiec pół godziny w takiej samej temperaturze.

Cykoria

Jest to odmiana botaniczna cykorii-podróżnika, rośliny często spotykanej przy polnych drogach o gwiaździstych kwiatach intensywnie niebieskiej barwy. Cykoria jest rośliną zjadaną najczęściej zimą, urozmaicającą smak surówek i sałatek. Obecnie są odmiany samobielące, nie wymagające bielenia, czyli trzymania w cieniu przez określony czas, by wyzbyć się nadmiaru goryczy. Cykorię siejemy najlepiej dość rzadko, tworzy ona w fazie dojrzałości zbiorczej niewielkie, stożkowato zakończone główki, które przez pewien czas możemy przechowywać w chłodnej piwnicy. Ma ona charakterystyczny gorzkawy smak, nie zawsze lubiany, niemniej jednak podobnie jak wszystkie gorycze poprawia trawienie, zawiera oprócz tego witaminę C, karoten – dość sporo, związki mineralne m.in. potas i magnez oraz specyficzne związki regulujące przemianę węglowodanową u diabetyków, dlatego jest polecana w żywieniu osób chorych na cukrzycę. Można wykorzystywać cykorię zarówno do dań zimnych jak i do dań gorących. Ja proponuję surówkę z marchwią, łagodzącą smak cykorii należącej do przemiany Ognia.

44. Surówka z cykorii z marchwią

Zastosowanie: cukrzyca, zaburzenia trawienia (wzdęcia, niedobór enzymów trawiennych, zaleganie treści pokarmowej w żołądku i jelitach), nowotwory, podwyższony poziom cholesterolu.

Do 2 łyżek oleju – najlepiej lnianego lub rzepakowego dodać posiekaną cebulę, sól, sok z jednej cytryny, tymianek, poszatkowaną główkę cykorii i 3 marchewki utarte na tarce.

Można też do oleju dodać szczyptę cynamonu, odrobinę soli, sok z cytryny, poszatkowaną cykorię, 2 marchewki i 2 mandarynki podzielone na cząstki.

Koper ogrodowy

Roślina znana – doceniali ją już starożytni Egipcjanie, lubiana – od tamtych czasów, smaczna i mająca szerokie zastosowanie w kuchni. Koper najczęściej wysiewa się współrzędnie z roślinami o długim okresie kiełkowania, ja jednak polecam również wysiew kilku roślin na rabacie kwiatowej i pozostawienie ich, by same się rozsiewały. Uzyskamy w ten sposób niebanalną ozdobę kwietnika, gdyż koperek ma delikatny, pierzasty pokrój i wygląda urzekająco zwiewnie. Godne polecenia do uprawy są nowe odmiany koperku o intensywnie zielonej barwie, odporniejsze na suszę niż dawniej stosowane.

Koperek zawiera olejek lotny o charakterystycznym zapachu (znacznie większe stężenie olejku występuje w nasionach), mnóstwo witaminy C, dużo karotenu, witaminy B_1 i B_2, witaminę E oraz K, szereg związków mineralnych: magnez, żelazo, wapń, fosfor, związki pektynowe, flawonoidy, kwas foliowy. Nasiona kopru są szeroko stosowane w przetwórstwie spożywczym – także domowym zwłaszcza przy kiszonkach i marynatach.

Koperek jest przede wszystkim znakomitym źródłem witamin, może być stosowany leczniczo jako środek obniżający ciśnienie krwi, rozszerzający naczynia krwionośne, polecany jest przy chorobach nerek i jako środek obniżający napięcie mięśni jelit. Napary i odwary z nasion kopru mogą być stosowane przede wszystkim jako środek poprawiający trawienie, przy wzdęciach, bólach brzucha, schorzeniach wątroby i dróg żółciowych. Zwiększają także wydzielanie mleka u kobiet karmiących i zapobiegają kolkom u niemowląt (lotne składniki olejku wraz z mlekiem matki dostają się do przewodu pokarmowego dziecka i poprawiają trawienie i przyswajanie pokarmu). Olejek zawarty w owocach (najwięcej) i w zielu kopru ma właściwości odkażające. Jak wynika z tego krótkiego przeglądu im więcej koperku i kopru tym lepsze samopoczucie i to w każdym wieku – od oseska do stulatka. Baldachy kopru, o ile sami uprawiamy tę roślinę, można spokojnie dodawać do zup, zwłaszcza uchodzących za ciężkostrawne, czyli kapuśniaków, fasolowych, grochowych, do bigosu, rozmaitych potraw z warzyw strączkowych i kapustnych, no i naturalnie do wszelkich domowych przetworów z warzyw. Koper oraz koperek należą do przemiany Ognia. Poniżej przepisy.

45. Sos koperkowy na zimno

Zastosowanie: nadciśnienie, miażdżyca, zaburzenia mikroflory jelitowej, nowotwory, schorzenia wątroby.

Do 1/2 l jogurtu dodać tymianek, czerwoną lub pomarańczową czy żółtą paprykę słodką drobniutko posiekaną, pieprz, najlepiej biały, sól, natkę pietruszki – kilka listków – również posiekaną i mnóstwo posiekanego koperku. Taki sos podawać do jarzyn jako dip, do jaj i wędlin, a zwłaszcza do pasztetów.

46. Sos koperkowy na gorąco

Zastosowanie: nowotwory, miażdżyca, nadciśnienie, zaburzenia trawienia (wzdęcia, niedobór enzymów trawiennych, skurcze jelit), obniżona odporność na infekcje.

Do 1/2 l wrzątku dodać majeranek, pieprz, odrobinę maggi, 2–3 łyżki śmietany i dodać mnóstwo koperku siekanego możliwie drobno, gotując nie dłużej niż 2–3 minuty, by sos nie stracił barwy.

Ten sos z kolei dodawać do kasz, ziemniaków, można nim polewać mięsa czy ryby z grilla lub smażone w celu ułatwienia trawienia i wzbogacenia dania w witaminy.

47. Masło koperkowe

Zastosowanie: ślepota zmierzchowa, suchość błon śluzowych, sucha i pomarszczona skóra, choroby serca.

Posiekać koperek i natychmiast wymieszać z miękkim masłem. Tak przygotowane masło można formować i kłaść na mięsach smażonych saute, jarzynach pieczonych, a także wykorzystywać do smarowania chleba jako podkład pod kanapki różnego rodzaju.

I na koniec – póki mamy koperek dajemy go gdzie się da, do każdej potrawy, no może z wyjątkiem ciast słodkich i lodów, ale już do tart i pizz pikantnych stosować można.

Pietruszka naciowa i natka pietruszki korzeniowej

Pietruszka naciowa, jak wiadomo, wytwarza rozetę pięknych kędzierzawych liści, natomiast z jej korzenia nie mamy pożytku, pietruszka korzeniowa zaś ma i korzeń jadalny i liście, tym niemniej, jeśli chcemy zjadać sporo liści pietruszki, należy pozyskiwać je z pietruszki naciowej, bo korzeniowa niemiłosiernie oskubywana nie zdąży wykształcić porządnych korzeni, a mało jest tak frustrujących czynności, jak obieranie nikłego rozmiarowo, a przywiędłego korzonka.

Znowu w uprawie pietruszki naciowej proponuję gospodarkę naturalną, czyli wysiać rośliny, wiosną zostawić 1–2 by się same rozsiały. Jeśli zrobią to w niezbyt dogodnych miejscach możemy je przesadzać, bo pietruszka naciowa znakomicie znosi ten zabieg. Liście pietruszki są podobnie jak koperek istną skarbnicą witamin, zawierają mnóstwo witaminy C, kwasu foliowego, witaminy E, karotenu, witamin grupy B, ponadto znaczne ilości składników mineralnych – żelazo w formie łatwo przyswajalnej, magnez, wapń, fosfor oraz szereg mikroelementów.

Ziele, czyli natka pietruszki jest przede wszystkim używana przy schorzeniach nerek, obrzękach na tle niewydolności układu sercowo-naczyniowego, ułatwia też trawienie i poprawia wydzielanie żółci, nasiona pietruszki są jednym z najskuteczniej działających środków moczopędnych, stosowanych przy chronicznej niewydolności nerek. Zielone liście pietruszki mają też inne zastosowania: zgniecionymi listkami, tak by puściły sok, przemywa się miejsca po ukąszeniu owadów, okładami z liści można przynieść ulgę przy zwichnięciach, naciągnięciach ścięgien czy mięśni, natkę można też żuć w celu odświeżenia oddechu (uważam to za lepszy pomysł niż żucie gumy), można sokiem z natki zmywać skórę twarzy by rozjaśnić piegi i ujędrnić zmęczoną cerę, napar z liści – letni – może być stosowany do przemywania oczu.

Natka pietruszki należy do przemiany Drzewa zaś energetycznie poprawia bezpośrednio naszą energię życiową. W wypadku pietruszki jak i koperku rada jest jedna – stosować do wszystkiego. Jesienią, gdy wykopujemy korzenie mamy zwykle nadmiar natki, a najlepszym sposobem jej zagospodarowania jest mrożenie. Aby zachować maksimum właściwości leczniczych należy:

- po pierwsze – nie rozdrabniać natki,
- po drugie – oddzielić łodygi od liści (łodygi dodajemy potem do zup i potraw gotowanych, by wzbogacić je w witaminę C),
- po trzecie – oddzielone, ale nie posiekane liście mrozimy w niewielkich porcjach, które potem dodajemy do potraw, rozkruszając bezpośrednio przed dodaniem.

Podobnie powinniśmy postąpić z liśćmi selera i natką koperku. Mamy wtedy pewność, że zachowaliśmy maksimum witaminy C. Stosowany powszechnie sposób mrożenia polegający na posiekaniu natek i dopiero zamrażaniu powoduje spore straty tej witaminy, a poza tym rozdrabnianie jest zbędną pracą, bo zmarznięte natki kruszą się bardzo łatwo. Teraz tradycyjnie nieco przepisów.

48. Masło pietruszkowe

Zastosowanie: ślepota zmierzchowa, suchość błon śluzowych, sucha i pomarszczona skóra, choroby serca.

Posiekana natka + świeża bazylia lub nieco kminku i masło – wymieszać szybko razem – stosować podobnie jak masło koperkowe.

49. Koktajl pietruszkowy

Zastosowanie: osteoporoza, nowotwory, miażdżyca, nadciśnienie, zaburzenia mikroflory jelitowej, obniżona odporność na infekcje, przewlekła niewydolność nerek, kruchość naczyń włosowatych. Znakomity dla osób chcących wzmocnić kości i układ odpornościowy

Pół litra jogurtu wymieszać z tymiankiem, majerankiem, 2 ząbkami czosnku, odrobiną soli. Całość zmiksować z garścią natki.

50. Sos pietruszkowy na zimno

Zastosowanie: osteoporoza, nowotwory, przewlekła niewydolność nerek, nadciśnienie, schorzenia górnych dróg oddechowych, miażdżyca.

1/2 l jogurtu wymieszać z tymiankiem, dodać mały koncentrat pomidorowy lub zmiksować z pomidorami, rozdrobnić 3 ząbki czosnku, dodać pieprz, sól i jak najdrobniej posiekaną natkę pietruszki. Sos ten stosować do drobiu na zimno, jarzyn, jako zaprawę do surówek.

Rzeżucha

Jest to roślina kojarząca się głównie z okresem Świąt Wielkanocnych. Bardzo łatwa w uprawie, możemy ją mieć przez cały rok, a zwłaszcza w okresie zimowym i przedwiośnia w domu jako wyjątkowo cenne uzupełnienie jadłospisu. Jako podłoże roślince tej wystarczy mokra wata lub lignina, nasiona albo gęsto rozsypujemy, albo moczymy w wodzie i otrzymaną masą smarujemy podłoże. Ścinamy listki po około dwóch tygodniach, gdy osiągną wysokość 3–4 centymetrów, zjadamy nie więcej niż 2–3 łyżki dziennie ponieważ ze względu na bardzo silne działanie moczopędne przy przedawkowaniu może wywołać zapalenie pęcherza. Niemniej jest to roślina bardzo cenna i powinniśmy ją jadać w umiarkowanych ilościach.

Rzeżucha zawiera dużo witaminy C (prawie trzy razy tyle, co pomidor), sporo witaminy B_1, a z innych witamin B_2, K, karoten i PP, rozmaite cenne związki mineralne takie jak: żelazo, wapń, siarkę, magnez, a przede wszystkim jod – jest to warzywo najbogatsze w ten pierwiastek. Ma też rzeżucha olejek nadający jej charakterystyczny zapach, nie przez wszystkich lubiany, niemniej dla zdrowia i urody warto stosować to warzywo. Olejek ten ma właściwości bakteriobójcze i działa dezynfekcyjnie na przewód pokarmowy.

Rzeżucha jest stosowana przy schorzeniach woreczka żółciowego przebiegających z niedostatecznym wydzielaniem żółci, przy nadciśnieniu, dla poprawy odporności (chroni przed katarem i przeziębieniami), dla zwiększenia ilości wydalanego moczu, a więc przy obrzękach na tle niewydolności nerek, ponadto stosujemy ją dla urody, by mieć gęste włosy i piękną cerę. Rzeżucha należy do przemiany Metalu, można ją stosować do past, surówek, sałatek, pamiętając o tym, by nastawić się na systematyczność w kuracji rzeżuchowej, a nie na ilość!

51. Twarożek z rzeżuchą

Zastosowanie: niedoczynność tarczycy, miażdżyca, nowotwory, nadciśnienie, niedostateczne wydzielanie żółci, obniżona odporność na infekcje, choroby górnych dróg oddechowych, przewlekła niewydolność nerek, wypadanie włosów, zwiotczała i pomarszczona skóra, kruchość naczyń włosowatych.

Do 2 łyżek jogurtu dać tymianek, 2 łyżki mielonego siemienia lnianego, 3 łyżki posiekanej rzeżuchy, łyżkę sezamu i 10 dkg twarogu. Tak przygotowaną pastą smarować na przedwiośniu (oczywiście także w innych porach roku pasta ta nam nie zaszkodzi) grahamkę mając pewność, że chronimy się przed przeziębieniami i poprawiamy stan swej skóry.

Sałata

Jak już wspomniałam jest to roślina wdzięczna i w zasadzie dostępna prawie cały rok. Nie da się jednak ukryć, że najbardziej wartościowa pod względem dietetycznym sałata pochodzi z gruntu. Najlepiej jest wysiewać kilka odmian sałaty w tym odmiany kruche przydatne do uprawy latem, nie wybijające w pędy nasienne. Sałaty rzadko sianej można używać jako znacznika rzędów roślin długo kiełkujących, można stosować też na obwódki grządek. Starajmy się siać ją w kilku terminach, by móc zjadać na bieżąco. Liście sałaty płuczemy pod bieżącą wodą bardzo starannie, by usunąć resztki ziemi, a rozdrabniajmy rękami bezpośrednio przed dodaniem do potrawy, tak by nie tracić witamin zwłaszcza C.

Sałata jest bogatym źródłem witamin takich jak C, karotenu, B_1, B_2, PP, K, E, kwasu foliowego, zawiera też znaczne ilości żelaza, magnezu, jodu, wapnia potasu. Sałata jest stosowana w schorzeniach żołądka oraz dwunastnicy zwłaszcza przy wrzodach i stanach zapalnych śluzówki, ponadto poprawia trawienie, działa moczopędnie, a także zapobiega zaparciom. Z uwagi na wysoką zawartość żelaza jest też zalecana przy anemii i niedokrwistości.

Sałatę należy zajadać na surowo, może wchodzić w skład surówek, sałatek, półsurówek, chłodników. Zwłaszcza wczesnym latem, w dni upalne podobne potrawy spokojnie mogą zastępować II dania. Sałata należy do przemiany Drzewa, odświeża krew. Poniżej podaję kilka przepisów.

52. Chłodnik letni z sałatą

Zastosowanie: nowotwory, miażdżyca, nadciśnienie, zaburzenia mikroflory jelitowej, choroba wrzodowa żołądka, stany zapalne śluzówki przewodu pokarmowego, cukrzyca, kruchość naczyń włosowatych.

Do 1 litra jogurtu (kwaśnego mleka, kefiru) dodawać (w kolejności) 4 świeże posiekane ogórki, wymieszać dodać szczypiorek i listki bazylii (naturalnie tylko wtedy, gdy takową posiadamy świeżą, bo suszona nie ma ani tego smaku, ani zapachu, o wyglądzie nie wspominając), pokrojone w jak najmniejsze cząstki pomidory, pieprz, sól, rozdrobnione liście sałaty – mniej więcej pół główki.

53. Chłodnik letni z sałatą i ogórkami małosolnymi

Zastosowanie: cukrzyca, nadciśnienie, udar mózgu, niedokrwistość, nowotwory, zaburzenia mikroflory jelitowej, przewlekła niewydolność nerek.

Do 1 l soku z pomidorów (możemy ewentualnie rozcieńczyć przecier), dodać posiekany szczypior z cebuli, sól, pokrojone 4 ogórki małosolne i rozdrobnione liście sałaty.

54. Półsurówka z sałatą

Zastosowanie: cukrzyca, nadciśnienie, nowotwory, przewlekła niewydolność nerek, zaburzenia mikroflory jelitowej, niedokrwistość.

Do szklanki jogurtu dodać pokrojone w półplasterki 2 ogórki świeże, wymieszać, dodać koperek, pokrojone jajka ugotowane na twardo – po 1 na osobę, pieprz, sól i rozdrobnioną sałatę, można zjadać z grahamką na śniadanie lub na letni obiad.

Szczaw

Jest to roślina trwała, występuje w stanie dzikim na łąkach, a w uprawie wysiejmy ją w miejscu nie zachwaszczonym i tam gdzie nie będzie przeszkadzać w pracach ogrodniczych, żebyśmy na przykład nie mówili po raz kolejny – ależ ten szczaw wchodzi pod nogi (depcząc roślinki w ramach pielęgnacji innej grządki).

Szczaw należy do przemiany Drzewa, jest rośliną wybitnie niedocenianą, a ma znakomite właściwości odżywcze. Jeszcze raz przypomnę, że kwas szczawiowy jest szkodliwy, gdy zjadamy surowy szczaw bądź szpinak, natomiast w potrawach gotowanych się rozkłada!

Liście szczawiu zawierają duże ilości karotenu, witaminy C, K, białka, składniki mineralne, w tym bardzo dużo żelaza (to jedna z najzasobniejszych w ten pierwiastek roślin), garbniki, flawonoidy. Szczaw działa korzystnie przy niedoborach żelaza, przy kruchości naczyń włosowatych, schorzeniach układu sercowo-naczyniowego problemach układu trawiennego. Dlatego należy częściej zjadać liście tej roślinki – można dodawać je do zup jarzynowych, warzyw duszonych no i oczywiście robić zupę szczawiową.

55. Zupa szczawiowa uniwersalna (znakomicie działa na wątrobę)

Zastosowanie: schorzenia wątroby, choroby serca, nadciśnienie, niedostateczne wydzielanie żółci, niedokrwistość, obfite krwawienia miesięczne, kruchość naczyń włosowatych, zaburzenia trawienia.

Do 1,5 l wrzątku dodać kolejno liść laurowy, majeranek, pokrojoną drobno cebulę, pieprz, łyżkę Vegety lub maggi, pokrojone 2 grzybki – pieczarki lub inne, albo pokruszone grzybki suszone, posolić, gotować aż cebula i grzybki będą miękkie, wówczas dodać umyte i pokrojone drobno liście szczawiu, co najmniej 3 garście lub 2 duże pęczki, gotować 10 minut. Odstawić z ognia i dać łyżkę lub dwie śmietany lub jogurtu.

Sporządzamy dodatki (w końcu urozmaicenie jest solą życia i niby dlaczego mamy jeść codziennie taką samą zupę).

Jaja na twardo

Ugotować jaja na twardo, obrać ze skorupek pokroić, posypać pieprzem i sezamem, włożyć do talerza i zalać zupą.

Ryż

Do 2 szklanek wrzątku dodać łyżkę masła, pół szklanki ryżu, odrobinę soli, gotować 10 minut, owinąć w ręcznik, zostawić pod kołdrą lub włożyć do piekarnika na pół godziny (temperatura 150 stopni). Na talerz nałożyć porcję ryżu, posypać natką pietruszki i zalać gorącą zupą.

Makaron

1 l zimnej wody, sól, zagotować, dodać makaron, ugotować, przecedzić, wystudzić na tacy, dać porcję na talerz, posypać posiekaną natką i zalać gorącą zupą.

Ziemniaki

Ugotować ziemniaki w niewielkiej ilości wody: wrzątek, ziemniaki, pieprz, sól. Odcedzić, posypać natką jak wyżej i zalać zupą.

Prażucha

Do wrzątku dać 4 ziemniaki, dodać 2 łyżki masła, pieprz, sól. Po ugotowaniu ziemniaków dodać mąkę pszenną razową, ugnieść razem, podgrzewać i mieszać, żeby nic nie przypalić. Potem posypać natką jak wyżej i zalać zupą.

Jak widać w ten sposób można zjadać codziennie zupę szczawiową bez znudzenia.

Szczypiorek

Jest to roślina trwała, jej zaletą jest między innymi to, że posadzona koło jabłoni chroni je przed chorobami. Szczypiorek ma kwiaty fioletowe i... jadalne! Kępki szczypiorku przesadzamy na nowe miejsce, co 4–5 lat w zależności od zachwaszczenia i zagęszczenia.

Szczypiorek należy do przemiany Ognia, jest znakomitym źródłem witaminy C, karotenu i żelaza, zawiera też sporo siarki – czyli korzystnie wpływa na stan skóry, włosów i paznokci. Szczypiorek ma też sporo żelaza, wapnia, fosforu, potasu. Jest stosowany przy zaburzeniach trawiennych, niedokrwistości, obniża ciśnienie krwi, wzmacnia układ odpornościowy.

Kwiaty szczypiorku można dodawać do surówek czy kanapek, mają właściwości antybiotykopodobne, są pomocne przy schorzeniach górnych dróg oddechowych, pomagają również przy niedomaganiach układu pokarmowego. Czyli zamiast wyrzucać kwiatki, użyjmy ich do... sałatki! Szczypiorek należy dodawać podobnie jak inne natki, gdzie tylko można. Poniżej przepisy na pasty ze szczypiorkiem.

56. Pasta jajeczna ze szczypiorkiem

Zastosowanie: suchość błon śluzowych, sucha i pomarszczona skóra, wypadanie włosów, niedokrwistość, zaburzenia trawienia.

Ugotować 4 jaja na twardo, zemleć je lub drobniutko posiekać, dodać pierz, sól, natkę pietruszki, sporo posiekanego szczypiorku i tyle masła lub oleju by powstała pasta

57. Pasta ze świeżego bobu i szczypiorku

Zastosowanie: biegunki, nadciśnienie, niedokrwistość, zaburzenia trawienia, cukrzyca.

Ugotować szklankę bobu świeżego, odcedzić, wystudzić, zemleć. Dodać posiekaną natkę pietruszki, cząber, szczypiorek i olej by zyskać smarowność.

Oczywiście to są tylko pojedyncze przykłady, takich past z rozmaitymi składnikami można robić znacznie więcej, a są one bardzo wygodne do kanapek na drugie śniadanie.

Szpinak

Możemy go siać w trzech terminach; na wiosnę, latem i jesienią – ten ostatni zimuje pod śniegiem i mamy go obok jarmużu i pietruszki naciowej jako najwcześniejszą zieleninę po zimie. Szpinak jest rośliną jednoroczną, wytwarza rozetę liściową, a w zależności od odmiany liście mają różną wielkość i są bardziej lub mniej wzniesione nad ziemią.

Liście szpinaku zawierają dużo białka (po przeliczeniu jest go więcej niż w mleku czy pszenicy), spore ilości witamin: (C, grupy B, karoten, K, P) i innych cennych biologicznie substancji oraz składniki mineralne, zwłaszcza sporo żelaza, wapnia i magnezu.

Szpinak jest stosowany przy nadciśnieniu, cukrzycy, niedokrwistości, obniżeniu odporności na infekcje. Należy do przemiany Drzewa, może być stosowany jako dodatek do zup, sosów, gulaszy warzywnych, a także jako samodzielna potrawa czy dodatek do drugich dań. A oto przepis.

58. Szpinak z czosnkiem

Zastosowanie: cukrzyca, nadciśnienie, obniżona odporność na infekcje, miażdżyca, kruchość naczyń włosowatych, niedokrwistość, zaburzenia trawienia.

Liście z 4 roślin (2 pęczki lub paczkę mrożonych) zalać niewielką ilością wrzątku, dodać kminek, majeranek, tartą gałkę muszkatołową – około pół łyżeczki, 5 ząbków czosnku posiekanych lub rozdrobnionych w inny sposób, maggi, sól i po odstawieniu z ognia 2–3 łyżki śmietany lub jogurtu, posypać natką pietruszki.

Trętwian, czyli szpinak nowozelandzki

Jest to roślina o płożących się łodygach i mięsistych, trójkątnych liściach. Bardzo długo i słabo kiełkuje, dlatego najlepiej zrobić sobie rozsadę pod koniec lutego bądź w początkach marca, siejąc po 3 nasiona do doniczek, a ponieważ liście trętwianu można obrywać przez cały okres wegetacji, więc 3–4 rośliny całkowicie nam wystarczą. Wartości odżywcze ma podobne jak szpinak, ma więcej białka, ale smak, cóż, ten jest wprost wyborny. Niewiele roślin jest tak smacznych i zjada się je z taką niczym niezmąconą przyjemnością. Można trętwian przygotowywać jak szpinak, dodawać do zup, warzyw duszonych i zapiekanek. Mimo pewnych problemów z kiełkowaniem – na kilkanaście nasion wykiełkowały mi cztery – jest to roślina warta wszelkich starań. I jeszcze jedna uwaga, gdy jest susza należy trętwian podlewać, gdyż jest wrażliwy na brak wody i przy jej niedoborze liście maleją i roślina marnieje.

OWOCE

Owocami nazywamy rozwiniętą i dojrzałą część zalążni lub też zalążni wraz z dnem kwiatowym i kielichem. Najogólniej dzielimy owoce na suche, czyli te, które po osiągnięciu dojrzałości są twarde np. migdały, orzechy oraz na soczyste, czyli całą resztę świeżych owoców. Z kolei owoce soczyste są dzielone na ziarnkowe (gruszki, jabłka, pigwy), pestkowe (brzoskwinie, morele, śliwki, wiśnie, czereśnie), jagodowe (agrest, maliny, truskawki itd. – jest to najliczniejsza grupa) i południowe, do których zaliczamy wszystkie owoce cytrusowe, egzotyczne i te, które są sprowadzane z innych stref klimatycznych. Są to na przykład banany, pomarańcze, cytryny, granaty, ananasy i wiele innych. Ponadto dla celów spożywczych wyróżniamy owoce suszone (są one używane do kompotu wigilijnego zazwyczaj) i bakalie, w której to grupie mieszczą się też owoce suche (orzechy, rodzynki, daktyle, figi itd.).

Najwięcej substancji czynnych gromadzi się pod skórką owoców, dlatego w rozmaitych książkach zaleca się, by owoców nie obierać, bądź obierać je jak najcieniej. W porównaniu z warzywami owoce zawierają więcej witaminy C, cukrów, kwasów organicznych, pektyn, a mniej błonnika, któremu warzywa zawdzięczają twardość i zachowanie swej struktury (my błonnikowi zawdzięczamy dużo, dużo więcej). Jeśli ktoś ma wątpliwości to ustaną po porównaniu wysiłku schrupania marchewki a brzoskwini. Najlepiej owoce spożywać na surowo i świeże. Jak zwykle w sytuacji uprzywilejowanej są tu właściciele działek i ogrodów z częścią sadowniczą, bo mogą zerwać owoc w tym idealnym momencie dojrzałości, gdy ma najwięcej składników odżywczych i leczniczych. Owoce kupowane są zbierane w fazie tzw. dojrzałości zbiorczej, tak by mogły być przechowywane przez pewien czas.

Sądzę, że na tym mogę skończyć część oficjalną i zacząć omawianie poszczególnych przedstawicieli tej wyjątkowo apetycznej rodziny. Jak zwykle najpierw przemiana Ziemi.

Brzoskwinia

Jest to owoc wyjątkowo smaczny, niektóre odmiany mogą być uprawiane u nas, należy tylko zadbać o przerzedzanie zawiązków, gdyż w przeciwnym wypadku główną częścią owoców będą pestki. Są opinie, że słynnym rajskim owocem była właśnie brzoskwinia, a nie jabłko i chcę powiedzieć, że w pełni popieram tę wersję, gdyż rzeczywiście na dojrzałą, apetycznie zarumienioną i pachnącą brzoskwinię o aksamitnej skórce można się skusić. Brzoskwinia ze wszystkich owoców ziarnkowych i pestkowych zawiera najwięcej witaminy C, ma też sporo witaminy PP, B_2 i mniej witaminy B_1, jest też niezłym źródłem karotenu. Z substancji mineralnych zawiera żelazo, wapń, bor, sporo fosforu i magnezu. Jest to owoc typowo deserowy i jako jeden z nielicznych niewyziębiający energetycznie organizmu, dlatego można go zjadać również wieczorem. Brzoskwinie zalecane są dla poprawy funkcjonowania przewodu pokarmowego, mają korzystny wpływ na kości i mózg, poprawiają pracę trzustki. Ja osobiście mogę zjeść w zasadzie każdą ilość brzoskwiń bez żadnych dodatków, dla tych jednak, którzy chcą mieć jakiś deser proponuję nafaszerowanie owocu.

59. Brzoskwinie nadziewane

Zastosowanie: osteoporoza, choroby serca, zaburzenia trawienia, nadmierne krwawienia miesięczne, nadmierna pobudliwość nerwowa, kruchość naczyń włosowatych.

Garść rodzynek zalać adwocatem lub rumem (hojną ręką, nie skąpiąc) i zostawić na noc. Następnego dnia zmielić orzechy lub migdały i dodać do namoczonych rodzynek, wymieszać starannie. Umyć brzoskwinie przekroić na pół, ściąć lekko zewnętrzne wypukłości i wyjąć pestkę. Ostrożnie wydrążyć miąższ z połówek brzoskwiń, dodać go do farszu, dosłodzić miodem i nałożyć farsz, tak by z powrotem odtworzyć kształt owocu, udekorować orzechami lub migdałami czy płatkami migdałowymi. Można osobno namoczyć w spirytusie tyle rodzynek, ile będzie połówek brzoskwiń, ułożyć na faszerowanych owocach i już na stole podpalić. Wygląda to całkiem efektownie.

Gruszki

Mam tu na myśli gruszki deserowe, słodkie, z tych, które rozpływają się na języku. Owoce gruszy są bardzo wartościowe pod względem odżywczym. Bez przesady można powiedzieć, że już starożytni Rzymianie cenili te owoce i używali także do leczenia rozmaitych schorzeń. Gruszki zawierają dużo witaminy P oraz niewielkie ilości witamin B_1, B_2, C i karotenu. Znacznie bogatszy jest skład mineralny, bo znajdujemy w owocach jod – działający korzystnie na tarczycę, cynk, kobalt, dużo potasu, wapń, fosfor i żelazo. Sok z gruszek od dawna był wykorzystywany jako środek przeciwgorączkowy i leczący choroby górnych dróg oddechowych. Ponadto gruszki łagodnie obniżają ciśnienie, uspokajają (mają korzystny wpływ przy dolegliwościach nerwicowych ze strony serca), mają działanie moczopędne i są stosowane w schorzeniach nerek i pęcherza moczowego, uszczelniają naczynia krwionośne, poprawiają trawienie. Wniosek można wyciągnąć z tego jeden – należy jeść gruszki. A oto przepis na kompot o wszechstronnym działaniu uspokajająco-leczącym.

60. Kompot z gruszek

Zastosowanie: niedoczynność tarczycy, nadciśnienie, choroby serca, zaburzenia trawienia, przewlekła niewydolność nerek, nadmierna pobudliwość nerwowa, niska odporność na infekcje.

Do 2 l wrzątku w kolejności dodać: pokrojony w ósemki kilogram gruszek (ze skórką, wykroić tylko gniazda nasienne), 8–10 rozgniecionych goździków, ciut cynamonu, odrobinkę soli, całą, pokrojoną ze skórką cytrynę (sprawdzamy, czy nie zawiera konserwantów, jeśli się okaże, iż są takowe, wówczas obieramy cytrynę jak najcieniej, by zachować maksimum białej skórki), gotować wszystko razem pół godziny, odstawić, dodać łyżkę soku – koncentratu z dzikiej róży (kupić na stoiskach ze zdrową żywnością), przestudzić do temperatury około 60 stopni dosłodzić miodem do smaku.

Morele

Są również uprawiane u nas, nie da się ukryć jednak, że sprowadzane z krajów południowych są smaczniejsze. Przede wszystkim są to owoce bijące wszystkie inne w zawartości żelaza i karotenu. Zawierają także witaminy B_1, B_2, PP, C, przy czym im morela bardziej dojrzała, tym więcej zawiera witaminy C. Ponadto morela ma wapń, magnez, fosfor, nikiel, flawonoidy i inne cenne związki. Zaleca się owoce moreli przede wszystkim w niedokrwistości, obniżonym poziomie hemoglobiny, chorobach układu krążenia oraz niedostatecznym działaniu gruczołów wydzielniczych żołądka, poprawia też wydzielanie soku trzustkowego. Zachęcam zwłaszcza do dawania dzieciom zamiast cukierków suszonych moreli – będą zdrowsze i odporniejsze. Jak zwykle najlepiej jest jeść morele bez dodatków, ale można też zrobić sobie z nich surówkę owocową.

61. Surówka morelowa

Zastosowanie: niedoczynność tarczycy, nadciśnienie, choroby serca, zaburzenia trawienia, przewlekła niewydolność nerek, nadmierna pobudliwość nerwowa, miażdżyca, choroby serca, zaburzenia trawienia (żołądek, trzustka), niedokrwistość, obfite krwawienia miesięczne, kruchość naczyń włosowatych, nadmierna pobudliwość nerwowa (nerwice).

Do naczynia wlać 0,5 l jogurtu (zawierającego tłuszcz, bo inaczej nie przyswoimy karotenu), dodać rozdrobnioną pomarańczę, w miarę możliwości z białą skórką, 20 dkg owoców do wyboru: poziomki, czarne jagody, porzeczki, agrest, następnie kilka śliwek węgierek pokrojonych w paseczki lub kilka rozdrobnionych ciemnych winogron, miód do smaku, 2 łyżki mielonego siemienia lnianego i 5–7 pokrojonych moreli. Smacznego!

Jabłka

Znowu chodzi tu o słodko-winne owoce, później dojrzewające i nadające się do przechowywania. Są to chyba najbardziej rozpowszechnione owoce i chyba najbardziej lubiane. Jabłka mają niezbyt duże ilości witamin B_1, B_2, trochę witaminy C, kwas foliowy, zawierają różnorodne składniki mineralne: potas, fosfor, wapń, magnez, cynk, kobalt, żelazo.

Zarówno sok jabłkowy jak i same owoce mają właściwości przeciwwirusowe i bakteriobójcze. Oprócz tego zalecane są przy miażdżycy, nadciśnieniu, chorobach układu sercowo-naczyniowego i chorobach nerek. Niewielka ilość błonnika pozwala podawać jabłka nawet osobom z wrażliwym układem pokarmowym. Jabłka są dostępne cały rok i powinny być zjadane jak najczęściej. Dobrym sposobem na wzbogacenie organizmu w witaminy i minerały jest dodanie do kupionego dżemu startych jabłek. Tak przygotowanym dżemem możemy smarować chleb czy używać go do naleśników. Poniżej przepis na jabłka pieczone.

62. Jabłka pieczone z dżemem

Zastosowanie: nadciśnienie, choroby serca, nadmierna pobudliwość nerwowa.

Parę łyżek dżemu wymieszać z rodzynkami. Kilka jabłek umyć, przekroić w poprzek i wyciąć gniazda nasienne oraz trochę miąższu. Miąższ posiekać i dodać do dżemu i rodzynek, nałożyć całość w wyżłobienia w jabłkach. Zapiekać przez kwadrans w 180 stopniach w piekarniku, najlepiej ułożone na blasze. Zjadać na ciepło lub zimno.

Maliny

Są to owoce jagodowe, bardzo delikatne, aromatyczne o swoistym smaku. W literaturze maliny mają dobre notowania, że przypomnę powiedzenie o dziewczynie jak malina czy malinowych usteczkach. Obecnie są dostępne powtarzające odmiany malin pozwalające delektować się tymi owocami przez cały sezon wegetacyjny.

Maliny zawierają kwas salicylowy (składnik aspiryny), dzięki któremu są tak skuteczne w leczeniu przeziębień. Oprócz tego maliny zawierają witaminy B_1, B_2, PP, witaminę C, a ze składników mineralnych zawierają żelazo, wapń, potas, fosfor, miedź, cynk. Mają również specyficzny związek zapobiegający miażdżycy. Kilkakrotnie więcej witaminy C niż owoce zawierają liście malin, dlatego warto je zebrać i ususzyć na zimową, uodparniającą herbatkę. Przy przeziębieniach warto stosować napar na 1 l wrzątku, 2 łyżki kwiatu bzu i po łyżce suszonych owoców maliny lub liści malin i łyżkę kwiatu lipy, parzymy pół godziny i popijamy jak najcieplejszy. Do herbaty (ale nie wrzącej) w długie, zimowe dni można dodawać maliny w miodzie. Jest to skuteczniejsza wersja malin w cukrze. Kilka szklanek malin zalać miodem najlepiej lipowym lub akacjowym i zostawić przykryte na słońcu w ciemnym, nie przepuszczającym światła naczyniu, najlepiej, żeby to była kamionka. Po kilku dniach przełożyć maliny z miodem do słoików i jeszcze na wierzch nalać miodu, nie pasteryzować, ponieważ miód i maliny mają naturalne substancje konserwujące. Przechowywać w chłodnym miejscu i stosować zarówno dla smaku jak i profilaktyki. A teraz przepis na maliny na słodko, wskazane także dla osób chorych na miażdżycę.

63. Twarożek malinowy

Zastosowanie: nadciśnienie, choroby serca, miażdżyca, stany zapalne błony śluzowej żołądka i jelit, zaburzenia mikroflory bakteryjnej, obniżona odporność na infekcje

Do 20 dkg białego sera dodać 2–3 łyżki naparu z herbaty zielonej, 4–5 łyżek miodu i 20 dkg malin, zmiksować razem i dodać 3–4 łyżki mielonego siemienia lnianego, wymieszać. Taki twarożek można zjadać jako deser lub też jako samodzielne słodkie co nieco na I lub II śniadanie.

Pigwa

Jest to nieduże drzewko o wyjątkowo pięknych, dużych różowawych kwiatach i liściach srebrno-zielonych od spodu. Owoc jest podobny do dorodnej gruszki, bardzo twardy nie nadający się do jedzenia na surowo, ale za to mający przyjemny zapach. Dlatego pigwę można zużywać nie tylko do celów kulinarnych, ale trzymać dla pięknego zapachu. Owoce najlepiej piec w prodiżu lub piekarniku, są gotowe, gdy skórka popęka. Można je zjadać jako deser z miodem lub stosować jako dodatek do mięsa, czy też sałatek owocowych lub kasz z owocami. Nadaje też bardzo ładny zapach napojom. Owoce zbieramy na jesieni, można je przechowywać w chłodnym miejscu mniej więcej dwa miesiące, ale trzeba kontrolować czy się nie psują. Można też mrozić i piec bez rozmrażania. Pigwy zawierają dużo pektyn, garbników, witaminy C i z grupy B, a ze składników mineralnych wyjątkowo dużo miedzi i żelaza. Stosuje się pigwę przy niedokrwistości, krwotokach, biegunkach i jako środek moczopędny i ułatwiający pozbycie się toksyn, cholesterolu oraz soli metali ciężkich z organizmu.

64. Pigwa do II dania

Zastosowanie: wysoki poziom cholesterolu, zatrucia metalami ciężkimi, zaburzenia trawienia, przewlekła niewydolność nerek, niedokrwistość, obfite krwawienia miesięczne, kruchość naczyń włosowatych.

Do 1 l wrzątku dodać 4-5 pigw, gotować pod przykryciem do miękkości, wystudzić. Wyciągnąć pigwy, obrać miąższ (razem ze skórką) i odrzucić gniazda nasienne.

Do miski dać obrany miąższ. Do płynu pozostałego po gotowaniu pigw dodać 2-3 łyżki mąki ziemniaczanej, zagotować, po lekkim przestudzeniu dodać do miąższu kolejno pieprz, sezam, sól, sok z cytryny, natkę pietruszki lub koperku, 2–3 łyżki naparu z herbaty zielonej, 3–4 łyżki mielonego siemienia lnianego, zmiksować wszystko.

Stosujemy jako dodatek do mięs, zapiekanek, potraw z kasz, ziemniaków, potraw półmięsnych.

Kolejną przemianą, w której spotykamy dużo owoców jest przemiana Drzewa. Należą tutaj też dzikie gruszki, gruszki wczesne oraz kwaśne jabłka typu papierówka. Tutaj spotykamy najwięcej owoców należących do grupy jagodowych. Zgodnie z alfabetem zaczynam od agrestu.

Agrest

Jest to owoc wybitnie sezonowy, bardzo smaczny zarówno jako owoc deserowy jak i po przetworzeniu. Wina agrestowe są jednymi z najsmaczniejszych win owocowych, dojrzewają długo, ale efekt jest wart czekania. Owoce zawierają pektyny, garbniki, katechiny, witaminy B_1, B_2, PP, karoten. Witaminy C agrest zawiera trzy razy więcej niż jabłka, ponadto ma związki żelaza, wapnia, fosforu, potasu, kobaltu, chromu i miedzi. Owoce zalecane są w żywieniu dzieci i osób starszych cierpiących na zaburzenia trawienne i przemiany materii. Ponadto agrest poleca się w otyłości, niedokrwistości, chorobach skóry, przewlekłych zaparciach oraz schorzeniach wątroby i nerek. A teraz przepis na koktajl.

65. Koktajl agrestowy

Zastosowanie: niedokrwistość, schorzenia wątroby, zaparcia, choroby przemiany materii, niedostateczne wydzielanie związków toksycznych z moczem, niedostateczne wydzielanie żółci.

Do miksera w kolejności dodać 4 łyżki miodu, cynamon, ciut soli, pół litra jogurtu, kwaśnego mleka lub śmietany, zmiksować, dodać 40 dkg owoców i zmiksować jeszcze raz. Można zamiast agrestu dać porzeczki, truskawki lub czarne jagody.

Borówka-czernica

Jest to owoc zwany powszechnie jagodą lub czarną jagodą, właściwości lecznicze mają zarówno owoce jak i liście tej rośliny. Owoce zawierają witaminę C, B_1, B_2, PP, karoten, dużo garbników, antocyjany, katechiny, pektyny, szereg związków mineralnych. Osoby spędzające sporo czasu przed ekranem komputera lub dużo czytające powinny jeść czarne jagody, ponieważ poprawiają one ostrość widzenia i zapobiegają zmęczeniu wzroku. Suszone owoce są stosowane w biegunkach, hamują rozwój lub niszczą drobnoustroje chorobotwórcze w przewodzie pokarmowym, są skuteczne także w wypadku drobnoustrojów antybiotykoodpornych ponadto pomagają w zatruciach metalami ciężkimi. Świeże owoce są zalecane przy zatruciach pokarmowych, nieżytach żołądka i jelit, infekcjach bakteryjnych i wirusowych przebiegających z dolegliwościami jelitowymi. Liście obniżają poziom cukru we krwi, działają leczniczo przy stanach zapalnych przewodu pokarmowego, mają działanie moczopędne i bakteriobójcze. Polecam nie tylko jedzenie jagód wtedy, gdy są dostępne, ale także ich mrożenie bądź gotowanie w soku własnym, by mieć do nich dostęp przez cały rok, można też suszyć liście. Gotowanie w soku własnym: do słoików twistów wielkości takiej jak po dżemie nakładamy jagody starając się ich nie pognieść. Zakręcamy nakrętki i pasteryzujemy wkładając do wody o temperaturze powyżej 60 stopni i następnie jak najszybciej doprowadzając do wrzenia, by nie tracić witamin. Czas pasteryzacji wynosi około 20 minut. Jagody przechowujemy oczywiście w ciemnym miejscu. Osoby mające suszarkę mogą też jagody sobie suszyć i używać w razie potrzeby. Poniżej podaję przepis na zupę, tradycyjnie podawaną latem zamiast zup gotowanych.

66. Chłodnik z czarnych jagód

Zastosowanie: zaburzenia ostrości widzenia, nieżyt żołądka, jelit, zaburzenia trawienne (grypa jelitowa), prostata, niedostateczne wydzielanie związków toksycznych, miażdżyca, nowotwory.

Jagody (litr) umyć i podzielić na dwie części – jedną zmiksować z 0,5 l jogurtu, kwaśnego mleka bądź kefiru, drugą odłożyć w całości. Do zmiksowanych jagód dodać filiżankę naparu z zielonej herbaty, pokrojone w cząstki bądź starte na grubej tarce 3 jabłka (od razu porcjami dodawać starte jabłka by nie ściemniały), 10 dkg rodzynek, miód, 4 łyżki mielonego siemienia lnianego, ciut cynamonu, ciut soli i resztę jagód w całości. Chłodnik powinien być dość gęsty. Można do niego podać bezy.

Borówka-brusznica (D/O)

Owoce brusznicy należą do pogranicza przemian Drzewa i Ognia. Jest to z kolei czerwona jagoda, rosnąca w lasach, można jej owoce kupić jesienią. W odróżnieniu od żurawiny owoce brusznicy są matowe z zielono-białą plamką u nasady, natomiast owoce żurawiny są półprzejrzyste. Lecznicze właściwości mają zarówno liście jak i owoce tej rośliny. Owoce zawierają przede wszystkim kwasy organiczne, pektyny, antocyjany, garbniki, witaminę C, karoten, trochę witamin B_1 i B_2, szereg związków mineralnych: wapń, fosfor, sporo żelaza i są stosowane przy zaburzeniach flory bakteryjnej jelit oraz przy regulacji czynności przewodu pokarmowego. Liście dodatkowo zawierają dużo magnezu, ponadto flawonoidy i znacznie więcej garbników niż owoce. Napary z liści stosuje się przy schorzeniach nerek, ponieważ znacznie zwiększają wydzielanie związków toksycznych z moczem, działają też odkażająco, niszczą szkodliwą mikroflorę jelitową, garbniki wiążą toksyny wewnątrzustrojowe umożliwiając ich wydalenie z organizmu. Brusznica ma specyficzny, cierpki smak i bardzo dobrze nadaje się jako dodatek do mięsa zwłaszcza drobiu jak i potraw z mięsa mielonego lub duszonego. Można też ją podobnie jak i czernicę pasteryzować bądź mrozić i dodawać potem do kompotów czy koktajli. Poniżej podaję przepis na dodatek do mięsa.

67. Brusznica do mięsa

Zastosowanie: zaburzenia mikroflory jelitowej, prostata, niedostateczne wydzielanie związków toksycznych z moczem.

Owoce umyć pod bieżącą wodą, ogrzać do wrzenia w garnku o szerokim dnie, dać kilka liści laurowych – na litr 3–4 i pół kilo cukru. Smażyć, często mieszając przez godzinę, potem gorący dżem nałożyć do słoików, zakręcić, pasteryzować wkładając do ciepłej wody kwadrans od chwili zagotowania. Jest to wersja przeznaczona dla osób używających cukru do przetworów.

Ja sama owoce miksuję z dodatkiem mielonego kminku i miodem, nakładam do słoików. W ten sposób wykorzystuję zarówno konserwujące jak i bakteriobójcze właściwości owoców i miodu – czyli mam dwa w jednym. Tak zakonserwowane owoce mogą być przechowywane kilka lat w chłodnym miejscu, nie psują się i nie pleśnieją.

Porzeczka czarna

Nie każdemu odpowiada specyficzny aromat owoców, któremu to roślina zawdzięcza rosyjską nazwę smorodiny. Niemniej do wszystkiego można się przyzwyczaić, a ze względu na wartości odżywcze tej rośliny – warto. Owoce porzeczki są, po dzikiej róży, najlepszym źródłem witaminy C, zwierają sporo karotenu, witaminy B_1, B_2, P, ponadto sporo pektyn, antocyjany, rozmaite związki mineralne w tym żelazo i to łatwo przyswajalne, cynk, kobalt, miedź, nikiel i molibden. Liście porzeczki zawierają również fitoncydy – specyficzne roślinne substancje działające bakteriobójczo i bakteriostatycznie, jak również witaminę C i garbniki. Stosuje się je przy chorobach nerek, reumatyzmie i schorzeniach wątroby. Czarna porzeczka jest przede wszystkim źródłem witaminy C, ponadto stosowana jest w kruchości naczyń włosowatych, chorobach wątroby, zwiększa odporność na infekcje i pomaga usuwać toksyny z organizmu. Możemy robić z niej kompoty, soki, koktajle, chłodniki, kisiele, sosy. Można czarną porzeczkę łączyć z innymi owocami, aby wzbogacić potrawy w witaminę C oraz składniki mineralne. Poniżej przepis na sos owocowy, który można podawać do makaronu, ryżu na sypko, klusek drożdżowych gotowanych na parze czy naleśników.

68. Sos z czarnej porzeczki

Zastosowanie: nowotwory, miażdżyca, schorzenia wątroby, prostata, niedostateczna odporność na infekcje bakteryjne, reumatyzm, przewlekła niewydolność nerek, niedokrwistość, obfite krwawienia miesięczne, kruchość naczyń włosowatych.

Kilogram przebranych i umytych owoców zmiksować ze szklanką naparu z zielonej herbaty i miodem. Dodać kilka łyżek mielonego siemienia lnianego (dowolnie), pół łyżeczki imbiru, ciut soli i 2–3 łyżki jogurtu lub śmietany. Sos można podgrzewać, ale do temperatury nie wyższej niż 60 stopni. Można go też przechować dłużej, gdyż zielona herbata sprzyja trwałości i nagromadzeniu witaminy C.

Porzeczki białe i czerwone

Owoce zawierają witaminę C, co prawda dużo mniej niż u krewniaczki, ale i tak 5 razy więcej niż jabłka, jak też więcej niż mandarynki czy grapefruity. Ponadto witaminy B_1, B_2, P, PP, karoten, pektyny, magnez, wapń, fosfor, żelazo, molibden, sporo kwasów organicznych, zwłaszcza porzeczka czerwona. Owoce zjadamy oczywiście dla przyjemności jak i dla zdrowia, gdyż regulują pracę jelit, obniżają ciśnienie i poziom cholesterolu, zmniejszają kruchość naczyń włosowatych. Możemy z owoców przygotowywać takie same potrawy jak z czarnej porzeczki.

69. Kisiel z porzeczek mieszanych

Zastosowanie: miażdżyca, podwyższony poziom cholesterolu, nadciśnienie, nieżyt jelit, niedostateczna odporność na infekcje bakteryjne, niedokrwistość, obfite krwawienia miesięczne, kruchość naczyń włosowatych.

2 czubate łyżki mąki ziemniaczanej wymieszać z 3 łyżkami cukru, odrobiną cynamonu i 2 szklankami zimnej wody, dodać ciut soli, zagotować. W momencie, gdy kisiel się zagęści wrzucić umyte owoce porzeczek w ilości około pół kilograma, wymieszać i natychmiast wlać do przygotowanych naczyń. Po przestudzeniu można udekorować kisiel gronem owoców zerwanym wraz z liśćmi. W ten sposób przygotowany kisiel ma prawie wszystkie wartości świeżych owoców.

Poziomka i truskawka

Omawiam je razem, gdyż truskawka jest w zasadzie powiększoną poziomką z ambicjami. Obie są bardzo lubiane. Poziomka ma tę przewagę nad truskawką, że można zjadać ją przez cały okres wegetacyjny. Problem uczulenia na truskawki bardzo często jest związany nie tyle z truskawkami, ile ze środkami ochrony roślin i nieprzestrzeganiem okresu karencji na te środki. Skład chemiczny owoców jest bardzo podobny z tym, że truskawka ma więcej witaminy C. Oprócz tego są witaminy grupy B, minerały: żelazo, fosfor, wapń, mangan, kobalt jak też garbniki, błonnik i cukry. Należy pamiętać, że myjemy truskawki nie usuwając szypułek, w przeciwnym razie wypłukujemy znaczne ilości witaminy C. Owoce truskawki i poziomki stosujemy w chorobach nerek, kamicy moczowej i żółciowej, także przy niedokrwistości i osłabieniu ogólnym. Podobne właściwości lecznicze mają też liście tych roślin, dlatego warto je sobie ususzyć na witaminowo-mineralizującą herbatkę zimową i wiosenną. I tradycyjnie przepis.

70. Truskawki/poziomki w sosie jogurtowym

Zastosowanie: reumatoidalne zapalenie stawów (gościec), kamica moczowa, kamica żółciowa, przewlekła niewydolność nerek, niedokrwistość, kruchość naczyń włosowatych, nowotwory.

Wersja retro: do śmietany (kwaśnej) dodać trochę naparu z zielonej herbaty, miód lub cukier, zmiksować razem, dodać cynamon i odrobinę soli. Wrzucić truskawki staranie wymieszać, po czym zjadać ze smakiem.

Wersja dla odchudzających się: filiżankę naparu z zielonej herbaty zmiksować z miodem, cynamonem, odrobiną soli i małym jogurtem. Umyte truskawki lub poziomki zalać sosem, udekorować listkami (przypominam, że jadalne) i dorodnymi owocami.

Teraz kolej na owoce należące do pogranicza przemiany Drzewa i Ognia oraz przemiany Ognia.

Aronia (D/O)

Nazywana jest czarną jarzębiną, ponieważ jej owoce zebrane są w baldachy uderzająco podobne do jarzębiny. Jest to duży krzew bądź niewielkie drzewko, wyjątkowo odporne na każde, nawet najbardziej niesprzyjające warunki glebowe. Dobrze jest założyć kompostownik w cieniu aronii, roślina dostanie składniki odżywcze, a kompost nie będzie wysychał. Dla celów własnych całkowicie wystarczą dwa krzewy aronii, gdyż, jeśli posadzimy je we wskazany sposób, plonują bardzo obficie, z dwóch roślin w pełni owocowania można zebrać 6–10 wiader jagód.

Owoce aronii zawierają witaminy B_2, E, C i mnóstwo witaminy P oraz takie składniki mineralne jak: żelazo, miedź, molibden, mangan, bor, jod, magnez, ponadto antocyjany, flawonoidy, kwasy organiczne, cukry, garbniki. Najsilniejsze działanie lecznicze ma sok ze świeżych owoców, który należy stosować przy kruchości naczyń włosowatych, krwotokach z przewodu pokarmowego (także przy krwawiących hemoroidach), przy nadciśnieniu i podwyższonym poziomie cholesterolu. Ponadto owoce stosuje się w leczeniu miażdżycy, bezkwaśności i bezsoczności żołądkowej.

Same owoce nie mają zbyt atrakcyjnego smaku, dlatego najlepiej łączyć je z innymi dodając do koktajli, kompotów, surówek owocowych, można też robić soki przy pomocy sokowirówki lub też owoce w soku własnym i dodawać do potraw.

71. Owoce aronii w soku własnym

Zastosowanie: krwotoki z przewodu pokarmowego, krwawiące hemoroidy, kruchość naczyń włosowatych, nadciśnienie, podwyższony poziom cholesterolu, miażdżyca, bezkwaśność i bezsoczność żołądka.

Do słoika o pojemności 1 l wlać szklankę wody zakwaszonej kwasem mlekowym lub sokiem z cytryny, dołożyć owoce najlepiej w całych baldachach i pasteryzować około pół godziny, wkładając słoiki do ciepłej wody.

Żurawina (D/O)

Jest to roślina rosnąca na bagnach i terenach podmokłych, a także uprawiana na specjalnych plantacjach. Wymaga zakwaszonej gleby. Jagody zawierają szereg kwasów organicznych, witamin i składników mineralnych. Najważniejsze działanie ma sok z żurawin, jest to środek leczący stany zapalne nerek włącznie z ich odmiedniczkowym zapaleniem. Żurawiny nie tylko mają działanie bakteriobójcze, ale także nie pozwalają zagnieździć się w drogach moczowych bakteriom i w ten sposób nie dopuszczają do zakażenia. Zapobiegają tworzeniu niektórych kamieni w nerkach, a ponadto regulują działanie trzustki i pomagają przy jaskrze.

Najlepiej sok z żurawin dodawać do jogurtu lub mieszać z innymi sokami, gdyż ma zdecydowanie kwaśno-gorzki smak. Kiedyś na wschodzie tradycyjną potrawą wigilijną był kisiel żurawinowy. Można żurawiny przygotowywać tak jak brusznicę do mięsa. Sok pasteryzujemy, można też żurawiny mrozić, ze względu na znaczne stężenie naturalnych substancji konserwujących, można jagody przechowywać nawet przez dwa lata.

72. Mus żurawinowy

Zastosowanie: stany zapalne nerek i pęcherza moczowego, skłonność do infekcji bakteryjnych pęcherza moczowego, kamica nerkowa, słabe wydzielanie enzymów trawiennych (trzustka), miażdżyca.

Do naczynia dać szklankę naparu z zielonej herbaty, 2 jabłka pokrojone w cząstki, 2 łyżki miodu, zmiksować, dodać 3 łyżki siemienia lnianego mielonego, wymieszać, dodać cynamon, sezam, 2 łyżki kwaśnej śmietany 18% lub jogurtu i szklankę owocu żurawiny, zmiksować powtórnie.

Najlepiej zjadać bezpośrednio lub też stosować jako nadzienie do naleśników czy nakładać na kluski na parze (pampuchy) lub kluski leniwe.

Śliwki węgierki

Dawno, dawno temu z tych owoców robiło się najlepsze z możliwych powidła, a u niejakich Radziwiłłów w charakterze przekąski występowały śliwki suszone na rożenkach nadziewane migdałami. Gdy mamy drzewa węgierek owoce zbieramy wtedy, gdy są lekko pomarszczone przy ogonkach.

Śliwki mają sporo potasu, żelazo, magnez, wapń, mangan, kobalt. Z witamin najwięcej jest z grupy B: B_1, B_2, B_6. Występuje też kwas foliowy, karoten, flawonoidy, pektyny, witaminy P, K i E, natomiast ilość witaminy C można śmiało określić jako nikłą. Ponadto w śliwkach występuje składnik poprawiający działanie jelita grubego i zapobiegający zaparciom. Oprócz tego śliwki mają działanie moczopędne, obniżają poziom cholesterolu, mogą wchodzić w skład diety przy nadciśnieniu, miażdżycy, anemii, chorobach stawów. Najpopularniejsze z dań są chyba knedle ze śliwkami, ale można też robić inne potrawy.

73. Śliwki w cieście

Zastosowanie: nadciśnienie, zaparcia, przewlekła niewydolność nerek.

Śliwki umyć, przekroić na pół, wydrylować. Przygotować ciasto: 2 jaja roztrzepać z 2 łyżkami cukru, dodać cynamon, odrobinę wody i szklankę mąki pszennej, 2–3 łyżki jogurtu i pół opakowania proszku do pieczenia oraz połówki śliwek.

Szybko rozgrzać olej na patelni i smażyć placuszki po obu stronach na rumiano. Oleju powinno być sporo na patelni, bo inaczej placki będą się przypalać, a w środku będą surowe. Nawiasem mówiąc można jeszcze wzbogacić ciasto w namoczone w rumie rodzynki i pokrojone brzoskwinie – pycha!

Wiśnie

Bardzo piękny i apetyczny widok przedstawia drzewo wiśni z dojrzałymi owocami. Same owoce są dość kwaśne i proponuję poprzestać na wrażeniach czysto estetycznych. Wiśnie najczęściej znajdują zastosowanie w przetwórstwie. Zawierają witaminy grupy B, kwas foliowy, PP, karoten, garbniki, antocyjanozydy, niewiele witaminy C. Są owocami zawierającymi największą ilość miedzi (ma wpływ na przemiany witamin w organizmie, jest niezbędna do wytworzenia hemoglobiny, podnosi odporność na infekcje), ponadto w owocach jest potas, żelazo, magnez, wapń, fosfor.

Wiśnie są polecane przy niedokrwistości, infekcjach górnych dróg oddechowych oraz jako środek zapobiegający próchnicy i przeciwbakteryjny, pomagają przy schorzeniach nerek. Ja chcę szczególnie polecić sok i kompot z wiśni wegetariankom i wegetarianom* w okresie późnej jesieni i zimy, jako środek wzmacniający prawą nerkę.

74. Kompot z wiśni przeciwinfekcyjny

Zastosowanie: niedokrwistość, nadmierne krwawienia miesięczne, przewlekła niewydolność nerek, obniżona odporność na infekcje, choroby górnych dróg oddechowych.

* Wiele przepisów dla wegetarian proponują Małgorzata i Norbert Duży w książce „Nowa kuchnia wegetariańska". Publikacja dostępna jest w sklepie www.vitalni24.pl (przyp. wyd.).

Do 2 l wrzątku dodawać w kolejności (gotując cały czas) rodzynki, kilkanaście rozgniecionych goździków i kilka plastrów korzenia imbiru (jeśli naturalnie mamy), ciut soli, sok z cytryny lub cały owoc pokrojony ze skórką, kilka owoców dzikiej róży oraz pół kilo wiśni, zagotować, wystudzić, dosłodzić miodem.

Proszę pamiętać, że dodanie miodu do gorących napojów niszczy jego właściwości bakteriobójcze, pleśniobójcze i uodparniające. Jeśli chcemy słodzić wrzątek, to doprawdy można robić to cukrem.

Winogrona czerwone

Są odmiany, które już można spokojnie uprawiać u nas w gruncie. Najwyższą wartość biologiczną mają właśnie winogrona czerwone razem ze skórką i pestkami – gryziemy wszystko, a nie plujemy, bo twarde. Winogrona zawierają bardzo dużo potasu, wapń, magnez, żelazo, mangan, kobalt, witaminy C, B_1, B_2, B_6, B_{12}, P, PP, D_2, kwas foliowy, garbniki, flawonoidy, antocyjany, katechiny, związki antagonistyczne do cholesterolu i lecytynę (w pestkach). Oprócz tego oczywiście cukry, kwasy organiczne itd.

Winogrona, sok z nich oraz wino mają silne właściwości przeciwbakteryjne i przeciwwirusowe. Owoce są zalecane przy niedokrwistości, podwyższonym poziomie cholesterolu i lipidów (pestki!), astmie oskrzelowej, schorzeniach przemiany materii, wątroby i nerek oraz przy chorobach górnych i dolnych dróg oddechowych jak i dla ogólnego wzmocnienia organizmu. Pochwały czerwonego wina sobie daruję, wspomnę tylko, że właściwości lecznicze mają wina wytrawne i półwytrawne.

75. Musli nasercowe

Zastosowanie: nadciśnienie, schorzenia układu sercowo-naczyniowego, osłabienie serca, podwyższony poziom cholesterolu, obniżona odporność na infekcje.

Do 1 l wrzątku wrzucić garść rodzynek, dodać 6 łyżek płatków owsianych, gotować kwadrans, wystudzić. Dodać po kolei starannie mieszając: cynamon, odrobinę mielonego morszczynu, sok z cytryny, pokrojonego wraz z możliwie dużą ilością białej skórki grapefruita, pół kilo pokrojonych winogron, szklankę naparu z owoców róży, rozdrobnione orzechy i dosłodzić miodem.

Teraz kolej na pobieżne opisanie owoców tzw. południowych. Należy stosować w żywieniu codziennym te rośliny, które są właściwe dla danego klimatu, bądź się całkowicie do niego zaadaptowały. Owoce południowe znacznie ochładzają, dlatego stosujemy je tylko upalnym latem lub jako dodatek do potraw (cytryna, limonka).

PRZYPRAWY

Rośliny przyprawowe spełniają ważną funkcję w zachowaniu naszego zdrowia, a konkretnie pomagają w funkcjonowaniu przewodu pokarmowego wraz z przyległościami typu wątroba czy trzustka. Są to rośliny lecznicze, które mogą normalnie być używane jako zioła będące bądź składnikami w mieszankach, bądź też jako pojedyncze rośliny, naturalnie wówczas należy zadbać o odpowiednie stężenie składników czynnych. Jeżeli dodajemy je do potraw w niewielkiej ilości, wówczas poprawiają smak i strawność posiłku. W ten prosty sposób codzienna dawka ziółek ułatwia nam życie i dostarcza niczym niezmąconej przyjemności jedzenia, albowiem przestajemy się przejmować daniami znanymi pod nazwą ciężkostrawnych. Poniżej omawiam niektóre rośliny należące do grupy przypraw, a mianowicie te najbardziej przydatne w naszej kuchni – czyli właściwej dla naszego klimatu, opartej o tradycyjne potrawy.

Bazylia

Bazylia – roślina jednoroczna, można ją wysiewać do skrzynek lub do gruntu, jak wszystkie zioła lubi słońce. Pojedyncze rośliny bazylii mają wysokość do pół metra i osadzone w parach naprzeciwko siebie owalne liście o żywozielonej barwie. Można uszczykiwać liście przez cały sezon wegetacyjny i stosować je do potraw.

Liście bazylii należy stosować przede wszystkim świeże, wówczas mają niepowtarzalny smak i aromat, suszone niestety wiele tracą, lepiej jest zamrozić niewielkie partie liści i używać w razie potrzeby. Stosujemy bazylię do potraw przede wszystkim z pomidorów lub zawierających pomidory – od pizzy poprzez sos do surówki. Ponadto do potraw z ryb, zwłaszcza zup rybnych i ryb duszonych oraz do rozmaitych twarożków. Nie koniec na tym korzystnych właściwości bazylii.

Okłady z liści bazylii wyciągają substancje toksyczne ze skóry pozostałe po użądleniach owadów, można też stosować mocny napar z bazylii w formie okładów zarówno przy użądleniach jak i przy zmianach skórnych.

Zastosowanie: nadmierna fermentacja jelitowa, skurcze jelit, niedostateczne wydzielanie soku żołądkowego, wzdęcia, niedostateczne wydzielanie mleka u karmiących.

Cząber

Cząber – zioło w naszych warunkach jednoroczne, krzewinka o rozmaitej wysokości od 30 cm do ponad pół metra – w zależności od warunków glebowych. Znakomicie się sprawdza jako ochrona roślin kapustnych przed bielinkiem kapustnikiem. Najdogodniej sadzić rośliny kapustne kwaterami np. osobno kalarepy, osobno kapusta – wczesna, późna, brokuły itd., a granice kwater obsiewać cząbrem. Tworzy się wówczas niski, malowniczy żywopłot oddzielający poszczególne grządki. Nasiona wysiewamy w marcu (w rejonie Dolnego Śląska, w innych rejonach jak najwcześniej), przykrywając cienką warstwą gleby i starając się siać możliwie rzadko, wymaga to staranności, bo nasiona są dość drobne. Można zostawić kilka roślin w gruncie, by z wiosną rozsiały się same.

Z uwagi na pokrój i kolor kwiatów można też cząber włączyć do tych kwiatów, które mają barwę liliową bądź niebieską czy białą. Zioło zbiera się na początku kwitnienia obcinając gałązki z listkami, suszy w temperaturze pokojowej, w cieniu. Należy pamiętać o tym, że całe gałązki dodajemy do potraw gotowanych, a rozcieramy listki, gdy dajemy cząber do sałatek lub surówek. Jeżeli damy rozdrobniony cząber do dań poddawanych obróbce cieplnej wówczas potrawa może nabrać charakterystycznego, gorzkiego posmaku.

No i wreszcie konkrety, czyli, po co nam ten cząber? Otóż jest on niezastąpiony jako dodatek do wszystkich dań z warzyw strączkowych zapobiegając wzdęciom i ułatwiając trawienie. Dodajemy cząber mniej więcej dziesięć minut przed końcem gotowania potrawy.

W celach leczniczych stosuje się napar: 1 łyżkę stołową ziela zalewa się szklanką wrzątku, parzy pół godziny pod przykryciem i popija po posiłkach, po około pół szklanki naparu. Najważniejsze jest jednak to, że cząber pomaga nam strawić rozmaite fasolki, grochy i boby, likwidując w zarodku wytwarzanie przez nas „gazów bojowych". W tym wysiłku jest cząber wspomagany przez inne ziółka w tym kminek – koniecznie mielony i majeranek.

Zastosowanie: osłabienie czynności trawiennych żołądka, nadmierna fermentacja jelitowa, wzdęcia, stany zapalne żołądka i jelit, przewlekła niewydolność nerek.

Estragon

Jest byliną, występuje w dwóch odmianach. Odmiana rosyjska jest mniej kłopotliwa w uprawie, nie trzeba jej rozsadzać i jest odporna na wahania temperatury. Siejemy estragon na wiosnę w odstępie, co 30 cm, 2–3 rośliny całkowicie wystarczają, chyba że chcemy wykorzystać je w innym celu niż jako przyprawę. Jest to roślina dość wysoka, mająca sporo ponad metr wysokości, dobrze sprawdza się jako oddzielająca stałe nasadzenia lub ścieżki czy granice, bo jest także odporna na zagłuszanie przez inne rośliny.

Łodyga estragonu jest mocna, liście wąskie o zdecydowanym zapachu, można je pozyskiwać przez cały sezon wegetacyjny. Należy liście uważnie i jak najszybciej suszyć w temperaturze pokojowej, by nie straciły swych właściwości, można też je zamrażać. Kawałki łodyg z liśćmi dobrze dodawać do kiszonych ogórków, nadają im wtedy miły aromat i zwiększają trwałość. Polecam także dodawanie estragonu do marynat w celu poprawienia smaku i aromatu. Można gałązkami estragonu aromatyzować octy lub oliwę.

Estragon zawiera znaczne ilości witaminy C, świeży – karoten, sole mineralne w tym jod. Estragon należy stosować do doprawiania potraw, zwłaszcza, gdy chcemy ograniczyć ich solenie, bo to ziele nadaje smak słony potrawom, można go więc stosować także w diecie osób chorych na nerki i nadciśnienie.

Zastosowanie: nerwice wegetatywne układu pokarmowego, osłabienie czynności trawiennych żołądka, zaburzenia trawienia i przyswajania składników pokarmowych.

Majeranek

Jest to niewielka krzewinka jednoroczna o wspaniałym zapachu. Podobno osiąga wysokość pół metra, niestety, mnie nie udało się otrzymać roślin o tej wysokości, mimo, że warunki glebowe są doskonałe. Najlepiej uprawiać majeranek z rozsady, wysadzając po kilka roślinek razem, otrzymujemy wtedy dorodne rośliny.

Zbieramy przed kwitnieniem, obcinając gałązki dość wysoko, co umożliwia powtórny zbiór. Suszymy standardowo – czyli temperatura pokojowa, bez dostępu słońca.

Podobnie jak inne surowce bogate w olejki eteryczne – ten zapach, ach ten zapach, – suszymy w całości. Dopiero po ususzeniu rozdrabniamy i od razu, chowamy do szczelnego naczynia – najlepiej słoika.

Majeranek stosujemy przy doprawianiu właściwie wszystkich potraw, szczególnie dań z mięs tłustych oraz potraw z warzyw kapustnych i strączkowych. W tym ostatnim przypadku najlepiej łączyć kminek i majeranek.

Majeranek ma działanie lekko rozgrzewające i wykrztuśne. Jeżeli mamy kłopoty z trawieniem potraw, to bardzo dobrze jest zmielić kminek i majeranek w proporcji pół na pół i łykać po pół łyżeczki przed posiłkiem lub też zaraz po posiłku popijając dowolnym płynem.

Zastosowanie: osłabienie czynności trawiennych żołądka, nadmierna fermentacja jelitowa, wzdęcia, skurczowe bóle jelit, stany zapalne przewodu pokarmowego.

Kminek

Jest to chyba jedna z najpopularniejszych w naszej kuchni przypraw. Cały kminek stosujemy do kiszonek, natomiast do potraw stosujemy kminek mielony, jeśli chcemy mieć z niego pożytek, to znaczy pragniemy likwidacji wzdęć i ułatwienia trawienia. Jeżeli jednak kminku nie zmielimy to niestety, pożytek z niego będzie nicwielki. Należy pamiętać, że nasiona roślin są nader odporne na trawienie, ponieważ zasadniczo mają wykiełkować i dać początek nowej roślinie. Cały kminek w formie nasienia jak wszedł tak wyjdzie drugim końcem. Przy okazji zwiedzając nasz przewód pokarmowy i niewątpliwie dzieląc się wrażeniami z innym kminkiem, natomiast my specjalnego pożytku z tego mieć raczej nie będziemy. Co innego, gdy kminek zmielimy, wówczas jesteśmy w stanie przyswoić substancje w nim zawarte. Kminek stosujemy do zup zwłaszcza z warzyw strączkowych, kapustnych i cebulowych, do potraw mięsnych, do surówek z warzyw kapustnych i rzepowatych, do potraw jednogarnkowych z wymienionych warzyw, do past z sera.

Zastosowanie: osłabienie serca, nerwice wegetatywne, zaburzenia trawienia i przyswajania składników pokarmowych, wzdęcia, nieświeży oddech, niedostateczne wydzielanie mleka u matek karmiących.

Trybula

Delikatna roczna roślina zielna o subtelnym pierzastym pokroju, bardzo wdzięcznie wyglądająca zwłaszcza w świetle Księżyca. W gruncie pięknie komponuje się z roślinami o kwiatach niebieskich i fioletowych. Jako jedną z nielicznych można uprawiać ją w doniczkach na parapecie, bo lubi półcień. Wysiewamy ją przez cały rok z wyjątkiem miesięcy zimowych także w pomieszczeniach, przykrywając cieniutką warstwą piasku i równomiernie zraszając glebę do chwili wykiełkowania. Pozyskujemy liście o zapachu lekko anyżowym i smaku trochę anyżkowo-pietruszkowym.

W chwili, gdy roślina zakwitnie (ma delikatne białe kwiaty) staje się dla nas, niestety, bezwartościowa, można jednak zostawić jedną lub dwie rośliny na nasiona, a w gruncie po to, by same się rozsiewały.

Zawiera karoten, witaminę C oraz szereg soli mineralnych. Stosuje się trybulę do zup, potraw z drobiu, surówek i sałatek, past z serów i potraw z jaj. Napar z liści można popijać na rozmaite wymienione poniżej dolegliwości, można też używać jako maseczki, by zachować elastyczność skóry i zapobiegać tworzeniu się zmarszczek.

Zastosowanie: przewlekła niewydolność nerek, niedostateczne wydzielanie związków toksycznych z moczem, schorzenia wątroby, osłabienie czynności trawiennych żołądka, schorzenia skórne, przewlekły katar.

Tymianek

Jest to półkrzew, roślina trwała, wymaga nieco okrycia tylko w surowe zimy. Nadaje się do tworzenia obwódek, może też rosnąć w niewielkich grupach. Jest niewysoki, osiąga około 30 cm, ma kwiaty różowawe, a listki drobne, ma silny aromat i zdecydowany smak. Lubi podłoże wapienne, dlatego dobrze jest dodawać do gleby po-

kruszone skorupki jajek. W sezonie zrywamy listki na bieżąco, a do suszenia ścinamy całe gałązki kilka centymetrów nad ziemią.

Jest to roślina o bardzo silnych właściwościach bakteriobójczych i odkażających. W kuchni można stosować do potraw z mięs, warzyw strączkowych, sosów, jak również do ciast pikantnych i farszów oraz dań kuchni obcych zwłaszcza włoskiej.

Zastosowanie: otyłość, choroby górnych dróg oddechowych, biegunki, bóle żołądka, nieprawidłowa mikroflora bakteryjna, skłonność do infekcji.

Rozmaryn

Jest to roślina trwała w warunkach naturalnych, czyli w krajach śródziemnomorskich, kiedyś dość powszechnie uprawiana, trafiła nawet do piosenki zaczynającej się od słów: *o mój rozmarynie rozwijaj się...* Obecnie jest prawie nieznana i praktycznie nie stosowana w kuchni polskiej.

Rozmaryn lubi słońce, więc jego uprawa jest możliwa tylko tam, gdzie ma dobre nasłonecznienie. Latem można wynieść go na balkon czy taras, można też wynieść do ogrodu, gdzie warto przynajmniej częściowo wkopać w ziemię doniczkę (będzie stabilniejsza). Jesień i zimę rozmaryn powinien spędzać w najbardziej słonecznym miejscu mieszkania. Oprócz wartości estetycznych (kwitnie najczęściej na biało lub różowo) roślina rozmarynu wydzielając olejki eteryczne działa korzystnie na drogi oddechowe i odstrasza owady (można gałązki dawać do szaf lub szuflad z ubraniem czy pościelą).

Liście do celów kulinarnych zbiera się przez cały okres wegetacji, do celów leczniczych zbiera się gałązki przed kwitnieniem i suszy.

W kuchni pokruszone liście rozmarynu (suszone liście są wręcz uderzająco podobne do szpilek, a ukłucie takiego listka w dziąsło zdecydowanie zniechęca do konsumpcji) należy stosować do dań z ryb, drobiu i mięs zwłaszcza do nacierania pieczeni oraz do dań z baraniny, można dodawać do dań z ryżu, makaronu.

Zastosowanie: wzdęcia, bóle jelit, przewlekła niewydolność nerek, nowotwory, niedostateczne wydzielanie żółci, zaburzenia krążenia krwi (marznące stopy i dłonie).

Szałwia

Roślina ta raczej nie kojarzy się z przyprawą tylko z ziołami leczniczymi. W naszych warunkach szałwia lekarska, bo o niej to mowa, jest małym krzewem o oryginalnych, szarozielonych liściach i jasnych, fiołkowo-niebieskich kwiatach. Najpierw rośnie wolno, ale w późniejszych latach łodygi szałwii drewnieją i roślina się rozrasta, dlatego jeśli sadzimy kilka roślin, to zachowajmy odstępy przynajmniej półmetrowe. Właściwości odkażające szałwii są dość powszechnie znane, ale ma ona szereg innych cennych dla nas zalet. Działa trawiennie, przeciwcukrzycowo, poprawia krążenie krwi, jest pomocna przy przeziębieniach i kaszlu, a dzięki zawartości fitoestrogenów reguluje menstruację i dolegliwości menopauzalne. Naparem z liści szałwii można płukać siwe włosy, by je przyciemnić. Świeżymi liśćmi można nacierać zęby i dziąsła, będą wtedy mocniejsze, a zęby bielsze. W kuchni liści szałwii używamy do potraw z tłustego mięsa, możemy też dodawać do gotowania kiełbas czy smażenia kaszanki, a także do past serowych i sosów.

Teraz trochę o przyprawach, które są sprowadzane z innych krajów. Stosując obecnie pieprz, cynamon, czy goździki zapominamy o tym, że kiedyś przyprawy te ceniono na wagę złota i o terytoria, na których rosły toczyły się wojny. Prawie wszystkie mają właściwości bakteriobójcze, co znakomicie sprawdzało się w czasach, gdy o lodówkach nikt nie słyszał. Współcześnie wykorzystujemy je bardziej dla walorów smakowych. Warto jednak wiedzieć, jakie właściwości lecznicze posiadają i jak z nich korzystać.

Zastosowanie: cukrzyca, zaburzenia krążenia krwi (marznące stopy i dłonie), choroby górnych dróg oddechowych, nieregularne miesiączki, menopauza.

Cynamon

Jako przyprawę stosujemy korę cynamonowca, obecnie najczęściej zmieloną na pył, warto jednak postarać się o kawałki kory, zemleć i stosować w kuchni – mamy wówczas przyprawę o znacznie lepszych właściwościach leczniczych i zapachowych. Pochodzi z Azji, rozmaite gatunki cynamonowca występują w Chinach, Indiach, na Cejlonie, w Korei i Wietnamie. Jest jednak uprawiany również w innych krajach o podobnym klimacie.

Cynamon działa lekko rozgrzewająco i wbrew przyzwyczajeniom można dodawać go do rozmaitych potraw, ma bowiem smak... pikantny. Zwyczaj posypywania nim deserów i ciast ma proste uzasadnienie. Otóż cynamon znacznie zwiększa aktywność insuliny, co znakomicie wpływa na oszczędzanie trzustki. Dawniej, co prawda, nie znano dokładnie funkcjonowania trzustki, niemniej potrafiono doświadczalnie ustalić, co organizmowi służy, a co nie. Dlatego, jeśli zajadasz słodycze, posyp je cynamonem, oszczędzisz sobie być może dnia, w którym dowiesz się, że masz cukrzycę typu 2. Możemy go dodawać do wszelkich potraw z kuchni egzotycznych np. indyjskiej czy chińskiej, także do sałatek czy surówek owocowych, do kisieli, potraw z ryżu i kasz oraz warzyw strączkowych.

Zastosowanie: cukrzyca, zaburzenia przemiany materii, obniżona odporność na infekcje, niedostateczne wydzielanie soku żołądkowego, bóle skurczowe żołądka i jelit, otyłość.

Gałka muszkatołowa

Jest nasieniem muszkatołowca i najczęściej kupujemy ją w całości, po czym zostaje w szufladzie zapomniana i stosowana od czasu do czasu do flaków. Delikatniejszy smak od gałki ma tzw. kwiat muszkatołowy, jest też bardziej aromatyczny. Gałka muszkatołowa powinna być rozdrabniana bezpośrednio przed spożyciem, tak by zachować jej właściwości smakowe i lecznicze. Stosuje się ją do przyprawiania potraw mlecznych: koktajli, potraw z dodatkiem białego sera, czy to przygotowanych na słodko, czy też pikantnych. Ponadto znakomicie poprawia smak potraw z ziemniaków, polecam ją też do doprawiania dań ciężkostrawnych. Nie należy jej stosować w nadmiarze, gdyż ma właściwości lekko halucynogenne.

Zastosowanie: wzdęcia, zaburzenia trawienia i przyswajania składników pokarmowych, nieświeży oddech.

Goździki

Są to suszone pączki kwiatowe tropikalnego, wiecznie zielonego drzewa, mające wręcz wyjątkowe właściwości bakteriobójcze, działają też przeciwbólowo, miejscowo znieczulająco (są stosowane do okładów w nerwobólach i dolegliwościach reumatycznych). Olejek z goździków był stosowany przez dentystów do czasowego znieczulania bolących zębów, obecnie i my możemy się posłużyć tą metodą bądź zakrapiając dziurę w zębie, bądź dając tam coś w rodzaju fleczera z waty skropionej olejkiem. Mielone goździki można dodawać do potraw, odwar z goździków do napojów, które wówczas, nawet w letnie dni, można znacznie dłużej przechowywać, zyskują też one znacznie na aromacie.

Zastosowanie: zaburzenia mikroflory bakteryjnej, zaburzenia trawienia z nudnościami i mdłościami, zaburzenia trawienia i przyswajania składników pokarmowych

Laur

Jako przyprawy używamy liści laurowych. Niegdyś w starożytnym Rzymie wieniec laurowy był symbolem chwały. I trzeba przyznać, że słowo laureat, oznaczające osobę właśnie uhonorowaną brzmi dumnie. Ale nasza staropolska nazwa drzewa laurowego, to drzewo bobkowe i trzeba przyznać, że sformułowanie: uwieńczony liściem bobkowym sporo traci na powadze. Niemniej przyprawa zrobiła w naszej kuchni karierę jak najbardziej uzasadnioną. Liść laurowy bowiem ma właściwości bakteriobójcze, bakteriostatyczne, przeciwgnilne. Zawiera flawonoidy, sporo aminokwasów, także ma dodatkowo właściwości odżywcze. Przyprawa ta należy do przemiany Ognia, może być stosowana do wszelkich potraw, marynat i kiszonek.

Zastosowanie: nowotwory, zaburzenia trawienia, zaburzenia mikroflory bakteryjnej.

Pieprz

Ta jedna z najpopularniejszych przypraw jest owocem liany tropikalnej. Należy do przemiany Metalu i oprócz nadawania smaku pikantnego potrawom ma także właściwości lecznicze. Pieprz należy stosować w wypadku przeziębień – poprawia wydzielanie śluzu oskrzelowego i rozrzedza go. Ze względu na właściwości bakteriobójcze jest pożądanym dodatkiem do wszelkiego rodzaju przetworów z warzyw.

Zastosowanie: wzdęcia, zaburzenia trawienia z nudnościami i mdłościami, zaparcia, schorzenia górnych dróg oddechowych.

Sezam

Najczęściej widujemy go w charakterze posypki na bułkach czy chlebie, no i podjadamy sezamki. Dobrze by było wprowadzić do kuchni nasiona tej rośliny, bo jest bardzo pożyteczna, zawiera sporo wysokowartościowego oleju. Olej przyspiesza krzepnięcie krwi i zwiększa ilość trombocytów, działa leczniczo przy chorobach skóry. Ziarno sezamu zawiera także kwas glutaminowy wpływający pozytywnie na funkcjonowanie kory mózgowej. Należy do przemiany Wody, może być dodawane do potraw całe albo mielone, wtedy mamy większy pożytek, bo enzymy trawienne są w stanie wykorzystać składniki zawarte w nasionku.

Zastosowanie: stany zapalne przewodu pokarmowego, niewydolność nerek, schorzenia skórne, zaburzenia pamięci i koncentracji.

Podsumowanie tego rozdziału może być tylko jedno – stosujmy przyprawy w naszej kuchni, bo dzięki temu poprawimy stan zdrowia, jak również przyswajalność i smak potraw.

ROŚLINY PSIANKOWATE

Rośliny psiankowate należą do grupy ciepłolubnych, a w ich grupie u nas znajdują się papryka, pomidory oraz ziemniaki, bez których raczej trudno wyobrazić sobie naszą kuchnię.

Papryka

Pochodzi z Ameryki Południowej, ale znakomicie zadomowiła się w Europie, szczególnie południowej jej części. Kuchnię opartą w dużej mierze o tę właśnie roślinę mają Węgrzy, dodający praktycznie paprykę prawie do każdej potrawy. U nas papryka nie udaje się tak dobrze, zwłaszcza, gdy lato jest chłodne i wilgotne, ale w upalne lata plonuje dobrze, zresztą mamy obecnie własne, wyselekcjonowane odmiany, przystosowane do naszego klimatu, nie tak wrażliwe na chłody. Paprykę można podzielić wstępnie na dwie grupy, odmiany pikantne i odmiany półsłodkie i słodkie nadające się do normalnego spożycia. Odmiany ostre zawierają sporo alkaloidu kapsaicyny o właściwościach silnie bakteriobójczych i rozgrzewających, odmiany słodkie zawierają go mniej.

Paprykę uprawia się z rozsady, w naszych warunkach najlepiej plonuje papryka żółta o stożkowatych owocach, papryka czerwona kulista, o kształcie zbliżonym do pomidorów oraz papryka zielona o owocach wydłużonych. Jeśli nie uprawiamy papryki pod osłonami, to najlepiej uprawiać ją na czarnej folii, mamy wtedy właściwe warunki cieplne, ochronę korzeni przed wysychaniem no i nie musimy plewić. Paprykę w czasie owocowania należy dość obficie podlewać, gdyż w przeciwnym razie owoce drobnieją i chorują.

Najcenniejszą właściwością papryki jest jej zdolność do zachowywania, pomimo obróbki cieplnej i przetwarzania, znacznych ilości witamin, zwłaszcza witaminy C. Zawartość tej witaminy jest różna, ale jak wynika z badań sporo zależy od warunków uprawy, papryka sadzona w szerokim rozstawie gromadzi witaminy więcej, tak więc sadząc paprykę pamiętajmy, że lubi mieć sporo miejsca. Owoce papryki zawierają przede wszystkim duże ilości witaminy C, witaminy z grupy B, karoten, kwas foliowy, witaminę P, a ze związków mineralnych papryka ma sporo potasu, wapnia, sodu, żelaza, glinu, fosforu, siarki, krzemu.

Papryka jest stosowana w dietach odchudzających – ze względu na bardzo niską kaloryczność, przy nadciśnieniu i przy miażdżycy oraz przy pękaniu naczyń włosowatych, korzystnie wpływa także na wydzielanie soków żołądkowych – zwłaszcza odmiany ostre, używane jako przyprawa. Zimą szczególnie polecam stosowanie słodkiej papryki w proszku jako przyprawy, gdyż i w tej postaci możemy dostarczyć sporo witaminy C, paprykę ostrą stosujmy raczej ostrożnie i po jej dodaniu starannie umyjmy ręce, nie dotykajmy, broń Boże, błon śluzowych nosa czy oczu, bo piekący ból zapamiętamy na długo.

Papryka należy do przemiany Ziemi, a odmiany ostre do przemiany Metalu. Paprykę możemy zjadać pod różnymi postaciami w sałatkach, surówkach jako warzywo faszerowane na ciepło czy zimno, jako potrawę główną (węgierskie leczo), bądź jako dodatek do potraw. Warto jest na zimę przygotować przetwory z papryki – kiszone bądź marynowane (w kwasie mlekowym, by oszczędzić wątrobę i nerki), by móc wzbogacać jadłospis w tak ważną witaminę C.

Poniżej przepisy na paprykę faszerowaną na zimno.

75. Papryka faszerowana na zimno

Z owoców papryki odciąć wierzch, wyciąć gniazdo nasienne i szybko wypłukać środek pod bieżącą wodą. Napełnić uprzednio przygotowanymi farszami i naturalnie, jeśli się odchudzamy, to zjadać porcje bez chleba.

76. Z chudym twarogiem

Zastosowanie: cukrzyca, otyłość, pękanie naczyń włosowatych, nadciśnienie.

Chudy twaróg – 10 dkg wymieszać z posiekanym ogórkiem świeżym, dodać koperek i majeranek, napełnić tym farszem paprykę.

77. Z tuńczykiem w sosie własnym

Zastosowanie: cukrzyca, otyłość, pękanie naczyń włosowatych, nowotwory, miażdżyca, nadciśnienie, zapalenie zatok, schorzenia górnych dróg oddechowych.

Puszkę tuńczyka w sosie własnym wymieszać z rozdrobnionymi listkami sałaty, dodać sok z cytryny, szczypiorek i majeranek, nałożyć farsz do owoców papryki.

78. Z tartym selerem

Zastosowanie: otyłość, niewydolność nerek, nowotwory, miażdżyca, nadciśnienie, reumatyzm.

Do soku z jednej cytryny dodać tymianek, majeranek, tarty seler, sól, 2–3 łyżki jogurtu, natkę pietruszki, koperek i kilka rodzynek, napełnić tym farszem paprykę.

79. Z kalafiorem lub brokułem

Zastosowanie: otyłość, przewlekła niewydolność nerek, nowotwory, niedostateczne czyszczenie krwi, nadkwasota, podatność na infekcje, zapalenie zatok, schorzenia górnych dróg oddechowych.

2 łyżki musztardy wymieszać z rozdrobnioną ćwiartką kalafiora lub brokuła, dodać sól, sok z cytryny, kilka rozdrobnionych liści sałaty, koperek i majeranek, nałożyć farsz do owoców papryki.

80. Z pieczarkami i wędliną drobiową

Zastosowanie: cukrzyca, otyłość, podatność na infekcje.

6 pokrojonych pieczarek zakwasić sokiem z cytryny, dodać ogórek świeży pokrojony, 10 dkg chudej wędliny drobiowej pokrojonej w kostkę, szczypiorek i majeranek, napełnić farszem paprykę.

Podobnie możemy faszerować duże pomidory, krojąc je na pół, wybierając łyżeczką miąższ (dodajemy go później do potraw a nie wyrzucamy!). Również otrzymamy danie zdrowe a nie tuczące.

Pomidory

Jest to chyba jedno z najpopularniejszych warzyw o bardzo wszechstronnym zastosowaniu i nie mniej cennych właściwościach odżywczych i leczniczych. Niestety, w ostatnich latach może być uprawiany tylko pod osłonami, ponieważ w gruncie jest atakowany przez choroby.

Mamy szereg odmian pomidora, ostatnio dużą popularność zyskują małe pomidorki koktajlowe, znakomicie nadające się do rozmaitego rodzaju dań na przyjęcia, mamy też pomidory o barwie pomarańczowej. Już Inkowie poznali się na zaletach pomidora – zawdzięczamy go bowiem Ameryce Południowej oraz wyprawom hiszpańskim na ten kontynent. Prawdziwa kariera pomidora zaczęła się dość późno – najwcześniej we Włoszech i Francji, a na dobre zadomowił się w kuchni europejskiej w XIX wieku. Natomiast, gdy tylko się zadomowił, to okazało się, że bez niego ani rusz.

W pomidorach mamy duże ilości karotenoidów, w tym likopen o właściwościach przeciwnowotworowych, witaminy B_1, B_2, B_3, B_5, kwas foliowy i witaminę C, szereg kwasów organicznych korzystnie wpływających na układ pokarmowy, związki obniżające poziom cholesterolu, działające bakteriobójczo oraz szereg związków mineralnych: żelazo, potas, fosfor, wapń oraz molibden, mangan, miedź, cynk, jod, chrom, stront.

Pomidor ma zastosowanie w schorzeniach przemiany materii, przy chorobach układu sercowo-naczyniowego, jest polecany dla remineralizacji organizmu oraz przy podwyższonym poziomie cholesterolu oraz przy profilaktyce przeciwnowotworowej.

Należy, podobnie jak papryka, do przemiany Ziemi, ma energię chłodną i działa nawilżająco. Jak już wspomniałam pomidory można wykorzystywać wszechstronnie w kuchni – od sosów i zup po półsurówki, surówki czy jako składnik zapiekanek. Kuchni włoskiej, na przykład, po prostu nie sposób sobie wyobrazić bez tego warzywa, niemniej i w naszej kuchni warto zjadać owoce pomidora jak najczęściej, zwłaszcza z dodatkiem świeżych liści bazylii. Poniżej przepis na szaszłyki warzywne i sałatkę.

81. Szaszłyki warzywne

Zastosowanie: cukrzyca, nowotwory (zwłaszcza trzustki i szyjki macicy), nadciśnienie, niewydolność wątroby, prostata.

Wymyć po liściu sałaty na szaszłyk, cząstkę kalafiora lub brokuła, 2 sztuki pomidorków koktajlowych, lub też średniej wielkości pomidor pokroić w cząstki, przygotowujemy 2 kostki sera feta lub też tofu. Na przygotowaną szpadkę do szaszłyków (najlepiej drewnianą) nabijać kolejno pomidor, brokuł, popieprzyć, posolić, nabijać kostki fety lub tofu owinięte w sałatę (po pół liścia, zrobić coś w rodzaju zraza), posypać oregano i na koniec znowu dać pomidora. Szaszłyk podawać z pikantnym sosem:
mały słoik majonezu wymieszać z chili, solą, sokiem z cytryny, oregano, szczypiorkiem i posiekanymi płatkami nagietka lub łyżeczką kurkumy. Maczać warzywa w sosie i jeść. Zamiast majonezu można użyć do sosu musztardę bądź olej lniany.

82. Sałatka z tuńczykiem i pomidorami

Zastosowanie: cukrzyca, otyłość, nowotwory (zwłaszcza trzustki i szyjki macicy), nadciśnienie, miażdżyca, prostata.

Do naczynia dać czosnek roztarty z solą, 2 puszki tuńczyka w sosie własnymi dodawać mieszając: sok z cytryny, natkę pietruszki, kilka rozdrobnionych liści sałaty, posiekane liście bazylii lub koperek i 4 pomidory pokrojone w cząstki. Można zamiast tuńczyka dać inne ryby, ale całkiem po cichu przyznam się, że ryb po prostu nie lubię i tuńczyk jest jedynym przedstawicielem tej skądinąd bardzo zdrowej i pożytecznej rodziny, nadającym się dla mnie do zjedzenia.

No i na koniec skromny, ale jakże zdrowy i pożyteczny przedstawiciel rodziny psiankowatych:

Ziemniak

Pochodzi z Ameryki Południowej i jego obecność na naszych stołach zawdzięczamy, nie da się ukryć, konkwistadorom. Początkowo ziemniaki były uprawiane raczej jako ciekawostka botaniczna, dopiero w XVIII i XIX wieku „trafiły pod strzechy", ale skoro tam trafiły, zrobiły karierę, której żadna zrobiona w Hollywood nie dorówna. Ich olbrzymie znaczenie docenimy wówczas, gdy uświadomimy sobie, że w latach wilgotnych zboże, będące podstawą wyżywienia, gniło skazując ludzi na śmierć głodową, a nasz kartofelek dalej rósł sobie beztrosko, plonował obficie i ze względu na unikalny skład chemiczny (wysokowartościowe białko i skrobia) żywił zarówno biednych jak i zamożniejszych, przy czym mógł być właściwie podstawową rośliną zjadaną przez długi czas i nie odbijało się to na stanie zdrowia. Jeszcze niedawno w ubogich gospodarstwach chłopskich mówiono, że gdy są ziemniaki i kapusta, to głodu nie ma. Może ze względu na tę pewną powszechność i plebejskość całkowicie nie doceniamy zalet ziemniaka, a są one rozliczne.

Ziemniaki zawierają wprawdzie niewiele białka, ale jest ono wysokowartościowe, lepsze od białka pszenicy, skrobia ziemniaczana – podstawowy składnik energetyczny – ma właściwości gojące przewód pokarmowy, jak również w postaci kąpieli czy okładów może być stosowana nawet przy alergiach skórnych. Ziemniak zawiera substancje przeciwnowotworowe, przeciwalergiczne, a także grzybo- i bakteriobójcze. Jest istną skarbnicą potasu – ma go znacznie więcej niż tak zachwalane banany, zawierają też fosfor, żelazo, wapń, magnez, a z witamin – witaminę C, B_1, B_2, B_5, B_6, kwas foliowy, karotenoidy.

Ziemniaki są stosowane przede wszystkim jako środek moczopędny, przy obrzękach na tle chorób układu sercowo-naczyniowego, leczą podrażnienia przewodu pokarmowego, są pomocne w leczeniu wrzodów żołądka i biegunek. Najskuteczniejsze działanie na wrzody żołądka ma sok z surowych ziemniaków: pijemy po pół szklanki takiego soku na czczo i po dwóch–trzech tygodniach zapominamy o problemach z żołądkiem.

Ponadto ziemniaki są cennym składnikiem diet dla osób odchudzających się – są niskokaloryczne (mają dwa razy mniej kalorii niż chleb), a także są bardzo wartościowym pokarmem dla sportowców, zapobiegającym zmęczeniu mięśni i wyrównującym straty magnezu, zapobiegają też nagłemu spadkowi poziomu cukru we krwi. Niestety, przez niewłaściwe przygotowanie tracimy znaczną część skarbów zgromadzonych w ziemniaku. Przede wszystkim moczenie ziemniaków w wodzie, potem wylewanie tej wody i zalewanie wrzątkiem powoduje wylanie witamin rozpuszczalnych w wodzie – witaminy C i grupy B oraz znacznej części składników mineralnych, tak więc należy po pierwsze: obrane i wymyte ziemniaki wrzucać do wrzącej wody od razu i gotować, wykorzystując wodę pozostałą po gotowaniu do zup, sosów i innych potraw. Po drugie solimy inne potrawy, a nie ziemniaki, by maksymalnie wykorzystać potas utrzymujący między innymi prawidłowy rytm serca i ciśnienie krwi. Jak najczęściej gotujmy ziemniaki w mundurkach, czyli w skórce i to najlepiej na parze, bo w ten sposób zachowujemy praktycznie wszystkie składniki ziemniaka, dodajmy ziemniaki do zup, zapiekanek, jak najczęściej jedzmy sałatki z ziemniakami – zwłaszcza nadciśnieniowcy.

O roli ziemniaka w kuchni można napisać poemat. Te kluski, pyzy, paluszki, kopytka, krokiety, knedle z rozmaitym nadzionkiem, owe placki podawane to na słodko, to w wersji pikantnej, kotlety rozmaite, tudzież sałatki, a gdzież jeszcze ziemniaczki z farszem, nadobne zapiekanki i mnogość kojących podenerwowany żołądeczek zupek? Doprawdy kartofelki są ponad wszelkie pochwały. Wróćmy do prozy. Ziemniaki należą do przemiany Ziemi, nawilżają i uspokajają. Podam przepis na kluski szwabskie.

83. Kluski szwabskie

Zastosowanie: zaburzenia trawienia i przyswajania składników pokarmowych, stany skurczowe jelit i żołądka, niedostateczne wydzielanie żółci.

Kilogram ziemniaków ugotować w łupinach, obrać z łupin i zemleć. Do mielonych ziemniaków dodać pieprz, startą gałkę muszkatołową, sól, mąkę pszenną 1 czubatą szklankę, mielony kminek, łyżkę papryki słodkiej w proszku, 2 jaja i dokładnie wyrobić. Na stolnicy posypanej mąką wymieszaną z kminkiem i majerankiem, uformować wałki z ciasta ziemniaczanego i lekko je spłaszczyć, kroić podobnie jak na kopytka. Obtaczać w bułce tartej wymieszanej ze słodką papryką w proszku i smażyć na oleju na kolor złocisty po obu stronach. Podawać z surówkami.

Co prawda nie jest to danie dla odchudzających się, ale i tak całe niebo mniej kaloryczne niż, na przykład, frytki.

WARZYWA STRĄCZKOWE

Warzywa strączkowe są niezmiernie istotne dla zachowania zdrowia, można powiedzieć, że ich znaczenie rośnie wraz z zagrożeniami cywilizacyjnymi. Zdecydowanie większą rolę niż dotychczas powinny one odegrać w naszej diecie. Ich ciężkostrawność, to nic innego tylko nieumiejętność przygotowania posiłku, oraz kłopoty z zaniedbywaną przez lata wątrobą.

Aby warzywa strączkowe nie „wzdymały" przestrzegamy następujących zasad:

- używamy ziarna świeżego, a nigdy starszego niż dwuletnie – jeśli ziarno jest starsze, to gotowanie do miękkości jawi się jako praca niejakiego Syzyfa;
- moczymy fasolę, bób i groch cały na noc i gotujemy w tej samej wodzie – wit. B;
- soję moczymy w wodzie na noc, po czym odlewamy i gotujemy w świeżej – soja ma sporo naturalnych substancji toksycznych;
- warzywa strączkowe gotujemy przez kwadrans bez przykrycia (soczewicę i groch żółty łuskany gotujemy bezpośrednio, bez moczenia), by ulotniły się m.in. substancje powodujące wzdęcia;
- gotujemy do całkowitej miękkości pod przykryciem (niewiele rzeczy jest tak niestrawnych jak niedogotowane strączkowe – no może sznurówki);
- przed końcem gotowania dodajemy mielony kminek i koniecznie cząber.

W języku niemieckim cząber nazywany jest fasolowym zielem, a razem z kminkiem znosi wzdęcia i ułatwia trawienie. Można stosować też inne zioła oprócz kminku, ale cząber przy strączkowych jest absolutnie obowiązkowy.

Po zastosowaniu tych wskazówek można jeść strączkowe do upojenia i nikt nie musi używać maski przeciwgazowej, by przetrwać noc przy boku ukochanej osoby, która miała akurat apetyt na fasolkę po bretońsku.

Warzywa strączkowe działają na nasz organizm wszechstronnie obniżając poziom „złego" cholesterolu, zapobiegają zaparciom, pomagają w regulacji pasażu jelitowego, obniżają ciśnienie krwi, zawierają substancje działające przeciwnowotworowo, pomagają w regulacji poziomu insuliny.

Bób

Jedną z najstarszych roślin uprawnych jest bób. Można bez przesady stwierdzić, że już starożytni Egipcjanie znali i bardzo cenili tę roślinę, a ostatnio w prasie fachowej pojawiły się doniesienia mówiące o korzystnym wpływie wyciągów z bobu na chorobę Parkinsona.

Według dietetyki energetycznej Pięciu Przemian bób, podobnie jak fasola, soczewica i soja mają związek z lewą nerką, a ta odpowiada m.in. za substancję mózgu i jego sprawność.

Bób jest rośliną jednoroczną, najbardziej odporną na niską temperaturę. Jeśli uprawiamy bób, to można skorzystać z jego właściwości odstraszania stonki ziemniaczanej. Bób siejemy naturalnie jak najwcześniej rzędami, mniej więcej starając się tak je rozplanować, by jeden rząd bobu wypadał na trzy rzędy ziemniaków. Mamy tu podwójną korzyść, czyli słynne „dwa w jednym": bób chroni ziemniaki, a ziemniaki odstraszają mszyce, chętnie żerujące na wierzchołkach roślin. Bób zawiera znaczne ilości wysokowartościowego białka – do

37%, bardzo mało tłuszczu, bo tylko 1%, a że przy okazji, podobnie jak inne strączkowe, zapewnia przez długi czas uczucie sytości (nawet do 8 godzin!), to osoby odchudzające się, a obecnie prawie każdy stara się osiągnąć wygląd osoby zagłodzonej, powinny uwzględnić potrawy z bobu i innych strączkowych w swoim jadłospisie.

Bób jest bogaty w składniki mineralne takie jak: potas, fosfor, magnez, wapń, żelazo. Z witamin najwięcej jest witamin z grupy B. Świeże nasiona zawierają witaminę C.

84. Mefarka

Zastosowanie: zaparcia, nowotwory, zaburzenia mikroflory jelitowej.

Najsmaczniejszą metodą wykorzystania bobu – przynajmniej tak stwierdzili goście – jest potrawa zwana mefarką. Do niewielkiej ilości wrzątku dodać tymianek, cząber, olej, odrobinę pieprzu, ciut soli i bób – gotować do miękkości, wystudzić i zemleć. Na 3–4 łyżkach oliwy podsmażyć mieloną wołowinę lub cielęcinę w ilości identycznej jak ilość gotowanego bobu (np. pół kilo bobu i pół kilo mięsa), dodać przyprawy: pieprz, świeżo startą gałkę muszkatołową, chili, mielone goździki – w równych ilościach. Przełożyć mięso do naczynia do zapiekania i wymieszać ze zmielonym bobem, zalać roztrzepanymi jajami (2 szt. na ww. ilość bobu i mięsa) wymieszanymi z: (przestrzegać kolejności dodawania) cynamonem i solą, zapiekać aż jaja się zetną. Można podawać z kaszą jęczmienną, płatkami owsianymi lub ryżem na sypko, bułkami posypanymi sezamem lub chlebem posypanym mielonym kminkiem, majerankiem, pieprzem i mielonym sezamem.

Mefarkę można jeść zarówno na zimno jak i na ciepło, przygotowana w ten sposób działa bardzo korzystnie na przemianę Wody, czyli na nerki i pęcherz moczowy, wzmacniając ich energię. Wegetarianie mogą zamiast mięsa dodać podsmażone na oleju cebulę i kilka ząbków czosnku oraz zwiększyć ilość jaj.

Soczewica

Jest to kolejna roślina z szacownym rodowodem. Jak wiadomo niejaki Ezaw sprzedał prawo pierworództwa za miskę soczewicy, wynika z tego, że bardzo ją lubił. Nie namawiam tu do zrzekania się czegokolwiek w zamian za soczewicę, niemniej warto wprowadzić potrawy z tej rośliny do menu. Ze wszystkich roślin strączkowych ma ona najkrótszy czas gotowania (40–45 minut) i jest najlżej strawna. Podobnie jak bób prawie nie zawiera tłuszczu, ma sporo białka o wysokiej przyswajalności – do 32%, zawiera liczne związki mineralne fosfor, potas, żelazo, magnez, jod, siarkę, kobalt, witaminy grupy B, witaminę C i E – niewiele. Najlepiej spożywać soczewicę dodając ją do potraw jednogarnkowych lub do zup. Należy pamiętać, że soczewicy nie moczymy tylko dodajemy ją bezpośrednio do potrawy.

Poniżej przepis na zupę z soczewicy przeznaczoną na wzmocnienie lewej nerki (przy okazji wzmacniamy też odporność).

85. Zupa z soczewicy

Zastosowanie: zaparcia, nowotwory, zaburzenia mikroflory jelitowej, cukrzyca, obniżona odporność na infekcje, nadciśnienie, otyłość.

Do 2 l wrzątku dać 2–3 rozdrobnione marchwie, dodać pokrojonego w półkrążki pora (kroimy razem z zielonymi liśćmi – zawierają dużo magnezu!), sól, najlepiej kamienną, estragon, nie wegetarianie mogą dodać udo z indyka (ma sporo cynku), kminek, cząber, łyżkę masła lub oleju, pieprz, cebulę pokrojoną w kostkę, ćwiartkę poszatkowanej kapusty białej lub włoskiej lub 20 dkg brukselek lub rozdrobnionego brokuła, 4 łyżki ryżu lub płatków owsianych – polecam płatki owsiane i na koniec dodać soczewicę ok. szklanki, po zagotowaniu całości przez kwadrans gotować bez przykrycia, potem gotować pod przykryciem do miękkości. Można dosmaczyć maggi lub sosem sojowo-pieczarkowym.
Zupka ta syci, wzbogaca w cenne minerały, może być bezpiecznie konsumowana także przez cukrzyków (wersja z płatkami owsianymi).

Fasola

Roślina pochodząca z Ameryki Południowej, ciepłolubna i zostało jej to do dzisiaj, mimo że jest u nas uprawiana już od dawna. W okolicach Wrocławia można wysiewać fasolę na początku maja, bo przeżywa przymrozki, które zresztą są niewielkie, w innych rejonach kraju wysiewamy po majowych przymrozkach. Osoby posiadające ogrodzenie z siatki mogą uprawiać fasolę tyczną bez konieczności robienia rusztowań, oczywiście pod warunkiem, że ogród czy działka nie znajduje się przy ruchliwej ulicy. No, ale w takim razie ilość roślin jadalnych, które mogą być uprawiane jest doprawdy nikła. Wbrew zaleceniom nakazującym stosowanie płodozmianu, fasola znakomicie czuje się na tym samym miejscu i to nawet przez wiele lat.

W odróżnieniu od innych roślin uprawnych, rośliny strączkowe (w tym także fasola, rzecz jasna) wzbogacają glebę w azot oraz poprawiają jej strukturę, stąd druga propozycja dla osób dopiero rozpoczynających uprawę na działce czy ogrodzie, by siały fasolę w celu wzbogacenia i spulchnienia gleby, przy okazji ją odchwaszczając.

Energetycznie fasola jest „zimniejsza" niż bób czy soczewica. Fasolę uprawiamy na suche ziarno oraz zbieramy zielone strąki jako fasolkę szparagową, szczególnie bogatą w witaminę C oraz karoten. Fasola zawiera trochę mniej białka niż inne strączkowe, bo do 31% (w dalszym ciągu jest to więcej białka niż na przykład w rybach), mało tłuszczu, dużo za to witamin grupy B, sporo wapnia, potasu, żelaza, magnezu i fosforu. Białko fasoli przy przestrzeganiu zaleceń dla gotowania strączkowych jest w 3/4 przyswajalne.

Fasola zawiera aglutyniny powodujące zlepianie się białek drobnoustrojów chorobotwórczych, tak więc wspomaga nas w walce z czyhającymi na moment słabości bakteriami, marzącymi o wywołaniu jakiejś infekcji. Wyciągi z fasoli obniżają stężenie glukozy we krwi. W leczeniu stosowany jest też odwar ze strączynów fasoli (szklanka zimnej wody, łyżka strączynów, zagotować, po pół godzinie cedzić i pić, najlepiej między posiłkami) stosowany jako środek moczopędny przy obrzękach na tle niewydolności układu sercowo-naczyniowego oraz przewlekłej niewydolności nerek jak również przy reumatyzmie. Odwar ze strączynów fasoli i liści borówki czernicy (popularnie zwanej czarną jagodą) w równej proporcji (2 szklanki zimnej wody, łyżka strączynów, łyżka liści zagotować, po pół godzinie cedzić i pić, najlepiej przed posiłkami) jest stosowany przy schorzeniach trzustki. Wysuszone i zmielone na proszek strączyny fasoli można używać w charakterze zasypki na świeże rany, oparzenia, egzemy – przyspieszają gojenie i chronią przed wtórnymi zakażeniami.

Piure z fasoli jest wskazane przy otyłości i schorzeniach żołądka z osłabionym działaniem gruczołów żołądkowych. Jeżeli ktoś nie zjadał strączkowych, a jest w podeszłym wieku lub ma bardzo wrażliwy układ pokarmowy, to najlepiej zacząć wprowadzać te warzywa właśnie w formie piure jako pasty lub jako dodatek do zup.

86. Pasta fasolowa

Zastosowanie: cukrzyca, nowotwory, wysoki poziom cholesterolu, astma, miażdżyca, zaburzenia mikroflory jelitowej, obniżona odporność na infekcje.

Szklankę kolorowej, suchej fasoli namoczyć na noc, ugotować w tej samej wodzie, w której się moczyła i zemleć lub przetrzeć. Do naczynia dać po łyżeczce roztartego cząbru, mielonego kminku i roztartego majeranku, zalać 2–3 łyżkami oleju rzepakowego lub lnianego, dodać pieprz i do wyboru: pęczek posiekanego szczypioru z cebuli lub posiekaną w drobną kostkę cebulę lub kilka wyciśniętych ząbków czosnku lub 3–4 łyżki rzeżuchy, dodać sól i wymieszać z rozdrobnioną fasolą. Tak przygotowaną pastą można smarować chleb – najlepiej razowy (oczywiście posypany kminkiem, majerankiem, odrobiną cynamonu lub mielonych goździków – podnoszą aktywność insuliny) lub też podawać jako dodatek do kanapek. W każdym wypadku oddziałujemy pozytywnie na nerki (kończymy potrawę w przemianie Wody).

Soja

Jest rośliną jednoroczną, zielną. Jej ojczyzną są tereny Indii i Chin. W odróżnieniu od innych roślin strączkowych jest rośliną białkowo-oleistą, bo zawiera do 22% tłuszczu. Zawiera też ok. 36% białka, związki mineralne i witaminy podobne do zawartych w innych strączkowych oraz witaminy rozpuszczalne w tłuszczach E, D, K. W porównaniu z innymi strączkowymi ma największą ilość naturalnych substancji toksycznych, dlatego też soję moczymy, odlewamy i gotujemy w nowej wodzie tracąc, niestety, znaczną ilość witamin grupy B, które wylewamy wraz z wodą. Bezpieczniej jest zjadać – tak jak się to robi na Wschodzie – przetwory sojowe tzn. mleko, tofu, sos sojowy, pamiętając jednak o wychładzającym działaniu mleka i tofu na organizm.

Soja zawiera lecytynę poprawiającą pamięć, ale zawierają ją też inne strączkowe oraz nasze poczciwe siemię lniane i to w znacznej ilości. Najprościej zemleć siemię i surowe zjadać w ilości 1–2 łyżek dziennie popijając jakimś napojem, będziemy poprawiać pamięć dostarczając lecytyny i zapobiegać miażdżycy.

87. Zupa mleczna z mleka sojowego zrównoważona energetycznie

Zastosowanie: cukrzyca, miażdżyca, nadciśnienie, obniżona odporność na infekcje.

Do 1 l wrzątku dodać garść rodzynek, 2–3 łyżki rozdrobnionych orzechów, 2–3 goździki i ciut imbiru w proszku lub 2 plasterki korzenia, dodać 4–6 łyżek płatków owsianych, gotować do miękkości. Na koniec dolać 1 l mleka sojowego i oczywiście zjadać ze smakiem. Jest to zupka całoroczna, latem - wtedy, gdy jest gorąco możemy zamiast orzechów dodać pokrojone banany.

Groch

Roślina dobrze znana, ulubiona już przez naszych antenatów, każdy pamięta wypowiedź pana Zagłoby o grochu z kapustą przedkładanym nad każde inne jadło. Obecnie sformułowanie groch z kapustą kojarzy się raczej z bezładną mieszaniną rozmaitych rzeczy, a nie ze smakowitym jedzonkiem, a szkoda. Groch zawiera podobnie jak inne strączkowe sporo białka, przy czym jest ono 1,5 raza lepiej przyswajalne niż białko pszenicy i przy okazji nie powoduje alergii. Ponadto groch zawiera witaminy B_1 i B_2, karoten, ze składników mineralnych dużo fosforu, a oprócz tego potas, cynk, kobalt, mangan miedź, molibden i jod. Osoby które mają wrażliwy przewód pokarmowy powinny jeść dania przygotowane z obłuszczonego grochu (w handlu pod nazwą groch żółty połówki). No a teraz czas na sztandarowe danie, które w naszym najlepszym interesie powinno jak najczęściej gościć na naszych stołach jesienią i zimą.

88. Groch z kapustą

Zastosowanie: cukrzyca, miażdżyca, nadciśnienie, nowotwory (szczególnie rak prostaty), zaparcia, hemoroidy, obniżona odporność na infekcje.

Do 1,5 l wrzątku dać 2 rozdrobnione marchwie, dodać pokrojoną w grubą kostkę kapustę (ok. 1 kg lub pół małej główki) i dusić (po zagotowaniu zdjąć pokrywkę by pozbyć się wzdymających substancji) kwadrans. Osobno na patelni na oleju, oczywiście lnianym lub rzepakowym, podsmażyć na małym ogniu 5 średnich cebul pokrojonych w piórka. Gdy cebula ma złocisty kolor dodać do garnka. Następnie dodać sól, najlepiej kamienną, estragon, cząber, kminek, szklankę grochu żółtego połówki i dusić wszystko razem do miękkości, pod koniec gotowania dodać sporo majeranku. Zjadać jako II danie lub wczesną kolację.

ZBOŻA

Są to rośliny odgrywające podstawową rolę w żywieniu człowieka, są źródłem węglowodanów i pokrywają większość zapotrzebowania na energię. Nie sądzę by ktokolwiek mógł sobie wyobrazić swój jadłospis bez tych roślin i produktów z nich otrzymywanych, bez chleba, kasz, makaronów, ciast, pierogów czy naleśników. To prawda, można bez tego przeżyć, ale o ile mniej przyjemne staje się to życie. W naszym klimacie przede wszystkim polecałabym wprowadzenie bądź częstsze stosowanie kaszy jaglanej i tak dochodzimy do pierwszego przedstawiciela zbóż. Zaczynam jak zwykle prezentację od przedstawicieli przemiany Ziemi.

Proso

Jest to bardzo stara roślina uprawna. Z prosa otrzymujemy kaszę jaglaną wyglądającą jak małe żółciutkie kuleczki, można ją kupić bądź na wagę bądź już w gotowych opakowaniach. Lepiej kupować na wagę i rozgryźć kilka ziaren – jeśli wyczuwamy smak gorzkawy bądź posmak zjełczały, to oznacza, że mamy do czynienia ze starą kaszą i niestety, nie nadaje się ona do konsumpcji, bo w odróżnieniu od wina, kasza im starsza, tym gorsza.

Proso zawiera ok. 14% białka o wysokiej wartości biologicznej, porównywalnej z wartością białek roślin strączkowych, orzechów czy pszenicy. W tłuszczu zawarte są znaczne ilości kwasu linolowego, mającego dużą aktywność biologiczną.

Kasza jaglana zawiera znaczne ilości fosforu, miedzi, żelaza, manganu, cynku, jodu, potasu, magnezu i bromu. Ma też witaminy B_1 i B_2 i to w ilościach większych niż w życie czy pszenicy. Kasza jaglana jest bardzo łatwo strawna, jest polecana dzieciom i osobom starszym oraz o wrażliwym przewodzie pokarmowym. Jest też stosowana w chorobach sercowo-naczyniowych, w chorobach wątroby i przy niedokrwistości.

Teraz kulinaria. Polecam kaszę jaglaną na sypko jako dodatek do: gulaszów, bitek, zrazów, pieczeni duszonych oraz rozmaitych sosów i jarzyn duszonych. Można też podawać ją jako kompletne danie zapiekaną razem z jarzynami, mięsem lub bakaliami i owocami. Ze względu na bardzo subtelny, delikatny smak kasza doskonale komponuje się zarówno z dodatkami pikantnymi jak i słodkimi.

89. Kasza z warzywami

Zastosowanie: otłuszczenie wątroby, podwyższony poziom cholesterolu, nieżyt żołądka i jelit, niedokrwistość, niewydolność krążenia, niewydolność serca.

Do 1 l wrzątku dodać łyżkę masła lub olej i ciągle gotując dodawać w kolejności: sporo pieprzu, 6 ząbków czosnku rozdrobnionych, 1 pora pokrojonego w półplasterki, łyżkę Vegety lub jarzynki, 20 dkg pieczarek lub innych grzybów pokrojonych w plasterki, estragon, a gdy będzie pietruszka gruntowa także natkę pietruszki, 2–3 liście laurowe, tymianek, majeranek i szklankę kaszy jaglanej. Zapiekać w piekarniku pod przykryciem w temperaturze 180 stopni przez godzinę.

90. Kasza jaglana na sypko (do dań pikantnych)

Zastosowanie: podwyższony poziom cholesterolu, nieżyt żołądka i jelit, niedokrwistość, niewydolność krążenia, niewydolność serca, miażdżyca, nerwice.

Do 1 l wrzątku dodać masło, 2 cebule pokrojone w kostkę – gotować kwadrans, potem dodawać pieprz, maggi, ciut soli, estragon, kminek, majeranek i szklankę kaszy jaglanej. Zapiekać pod przykryciem w 180 stopniach przez 45 minut do godziny. Nie mieszać kaszy po ugotowaniu, nakładać delikatnie, bo zamiast puszystej złocistej kaszy będziemy na talerzu mieć rozgniecioną masę.

Kukurydza

Jest to roślina z Ameryki Południowej i Środkowej, jakkolwiek zadomowiła się całkiem dobrze również u nas. W uprawie należy stosować koniecznie płodozmian, bo kukurydza bardzo degraduje strukturę gleby. Niemniej ma ona sporo zalet. Ziarno kukurydzy ma najwięcej oleju ze wszystkich zbóż, związki flawonoidowe, karoten, witaminy B_1, B_2, B_6, PP, E, sporo fosforu i selenu, jak również kwas glutaminowy pomocny w utrzymaniu prawidłowego funkcjonowania mózgu oraz leczeniu schorzeń nerwowych i psychicznych. Olej kukurydziany ma dużo kwasów omega-6, stąd należy go stosować ostrożnie, by nie zaburzyć równowagi kwasów omega-3 (bardzo korzystne) i omega-6. Właściwości lecznicze mają również znamiona kukurydzy (długie „włosy" kaczanów o barwie ciemnobrunatnej). Zawierają one dużo witaminy K, witaminy C, ksantyny i sterole. Wyciąg i napar ze znamion są stosowane w schorzeniach wątroby przebiegających ze zmniejszonym wydzielaniem żółci, w profilaktyce kamicy żółciowej, przy zaburzeniach krzepliwości krwi oraz jako środek moczopędny. U nas dostępne są rozmaite produkty z kukurydzy, radzę jednak uważnie patrzeć na skład chemiczny. Jeżeli jest stosowany jako dodatek – cukier, słodziki lub miód to niestety, nie tylko nie przyswoimy selenu z kukurydzy, ale na dodatek zubożymy swój organizm o ten pierwiastek. Tak więc, by selen mógł nam pomagać nie słodzimy produktów go zawierających i nie popijamy przy jedzeniu napojów słodzonych. I na koniec przepis na kaszkę kukurydzianą.

91. Kaszka kukurydziana na gęsto

Zastosowanie: podwyższony poziom cholesterolu, nieżyt żołądka i jelit, nerwica (stany lękowe).

Do 1 l wrzątku dodać w kolejności pokrojony drobno szczypior, pieprz, ćwierć łyżeczki startej gałki muszkatołowej, sól, ciut maggi lub sosu sojowego, estragon, natkę pietruszki – jeśli naturalnie jest gruntowa, liść laurowy, i 4 lub 7 czubatych łyżek kaszy kukurydzianej (w zależności od tego, jakiej gęstości kaszę lubimy). Gotować 5 minut i zostawić pod przykryciem na kwadrans. W tym czasie zetrzeć ser owczy lub kozi typu oscypek i 5 łyżek tego sera wymieszać z oregano i majerankiem. Po odkryciu kaszy wsypać ser z przyprawami i wymieszać w miarę możliwości dość energicznie, po czym nałożyć na talerze i zaraz jeść.

Kolejni przedstawiciele zbóż należą do przemiany Metalu, odpowiadającej za układ oddechowy, skórę i jelito grube.

Jęczmień

Jest to zboże należące do najdawniej uprawianych. Wszyscy miłośnicy „małego jasnego" wiedzą, że bez słodu z jęczmienia niemożliwe jest wyprodukowanie tego napoju. Ziarno jęczmienia ma mało tłuszczu w porównaniu z innymi zbożami, toteż jego kaloryczność jest niska. Jęczmień zawiera fosfor, potas i inne składniki mineralne oraz następujące witaminy B_1, B_2, D i E – niewiele, enzymy i dość dużo błonnika. Dostępne na rynku są kasze jęczmienne oraz płatki, przy czym najwyższą wartość biologiczną mają grube kasze w tym pęczak. Grube kasze jęczmienne wymagają długiego okresu przygotowania, stąd ich mała popularność, bądź narzekania na smak wynikające najczęściej z faktu, że zjada się kaszę na półsurowo. Dlatego proponuję przygotowanie kaszy wstępnie na sypko i dopiero potem dodawanie jej do potraw, bądź podawanie jej jako składnika potraw. A oto przepis.

92. Kasza jęczmienna na sypko

Zastosowanie: schorzenia przewodu pokarmowego, biegunki, nieżyt jelit, nerwice.

Do 1,5 l wrzątku dodać w kolejności trochę masła lub oleju, 2–3 cebule pokrojone w kostkę, pieprz, sól, maggi, 2–3 pokrojone grzyby (pieczarki, boczniaki) bądź rozdrobniony grzybek suszony, estragon, kminek, majeranek i 2,5 szklanki kaszy jęczmiennej łamanej bądź 1,5 szklanki pęczaku (najgrubsza kasza jęczmienna) i zapiekać pod przykryciem w piekarniku półtorej godziny łamaną, a dwie i pół godziny pęczak. Temperatura 150–160 stopni.

Ta kasza może być podawana jako dodatek do II dań lub też jako dodatek do zup.

93. Krupnik jęczmienny

Zastosowanie: schorzenia przewodu pokarmowego, biegunki, nieżyt jelit, schorzenia górnych dróg oddechowych, zwłaszcza zapalenie krtani i suchy kaszel.

Do 2 l wrzątku dodać 2 rozdrobnione marchwie, ostrą paprykę lub pieprz, 1 pora pokrojonego w półkrążki, 2–3 grzybki, sól, maggi, estragon, kminek, liść laurowy, 7–10 ziemniaków pokrojonych w kostkę, majeranek i 2–3 szklanki ugotowanej jak wyżej kaszy jęczmiennej.

Owies

Swoją karierę europejską rozpoczął w krajach skandynawskich, skąd rozprzestrzenił się na inne kraje, np. Anglię, gdzie do dzisiaj owsianka jest jednym z dań śniadania. Owies przede wszystkim był i jest uprawiany na glebach ubogich i w surowych warunkach klimatycznych (góry), gdyż jest rośliną nader odporną.

Zawiera do 14% białka o bardzo korzystnym składzie aminokwasowym i zdecydowanie więcej niż inne zboża tłuszczu, bo do 6%, zawierającego korzystne dla zdrowia nienasycone kwasy tłuszczowe. Zawiera więcej niż inne zboża witaminy B_1, ponadto szereg związków mineralnych, w tym sporo fosforu, wapnia i potasu. Kasza owsiana zawiera śluzy, działające osłaniająco na ściany żołądka i jelit, dlatego kleiki owsiane i zupy zalecane są przy chorobach przewodu pokarmowego, także przy wrzodach żołądka i dwunastnicy. Kasze i płatki owsiane wpływają korzystnie na regulowanie poziomu cukru we krwi, ułatwiają wypróżnienia, zawierają substancje lipotropowe obniżające poziom cholesterolu i lipidów.

Właściwości lecznicze mają też: ziele owsa – zbierane przed kwitnieniem zboża, wykorzystywane w formie nalewki wzmacniającej system nerwowy, a w formie naparu w chorobach nerek oraz słomą owsianą, z której robi się wyciągi wodne działające korzystnie przy schorzeniach reumatycznych i chorobach nerek z kamicą moczową włącznie. Kąpiele takie są też przydatne w chorobach skóry.

Powszechne przekonanie jakoby owies odwapniał bierze się z nieporozumienia. W surowych zbożach znajduje się fityna tworząca związki z wapniem, żelazem, magnezem itd., dlatego zawsze gdy jemy surowe, nie gotowane płatki zbóż, „kradną" nam wapń i inne minerały. Natomiast gotowane płatki wręcz przeciwnie – wzbogacają nasz organizm w wapń.

94. Owsianka pikantna

Zastosowanie: cukrzyca, obniżona odporność na infekcje, nowotwory, otłuszczenie wątroby, miażdżyca, podwyższony poziom cholesterolu, prostata, nadciśnienie, osteoporoza.

Do 1,5 l wrzątku dać pokrojoną marchew, 2–3 cebule pokrojone w kostkę, sporo pieprzu, pokrojone zielone liście porów, Vegetę – 1 łyżeczkę, sól, posiekany grzybek, estragon, a jeśli będzie gruntowa natkę pietruszki, liść laurowy, tymianek, majeranek i 1–1,5 szklanki płatków, gotować pół godziny. Mieszać by płatki się nie przypaliły.

95. Owsianka słodka

Zastosowanie: obniżona odporność na infekcje, nowotwory, podwyższony poziom cholesterolu, prostata, osteoporoza, zbyt wolny pasaż jelitowy, nerwice.

Do 1,5 l wrzątku dać w kolejności 1,5 szklanki płatków owsianych, odrobinę soli, ciut soku z cytryny, odrobinę kminku, po 2–3 łyżki rozdrobnionych pestek dyni i słonecznika, garść rodzynek, pogotować 10 minut, przestudzić, dodać 2 łyżki mielonego siemienia – dowolnie, oraz 2–3 łyżki miodu i cynamon, wymieszać, jeść ciepłe, ale nie gorące i nie doprowadzić do wrzenia.

Ryż

Jest bardzo rozpowszechniony na świecie, występuje w bardzo wielu odmianach różniących się smakiem, kolorem i kształtem ziarna. Jest nawet ryż kleisty. W Chinach tradycyjnie na zakończenie uczty podaje się miseczkę ryżu jako sygnał jej zakończenia i zarazem jako symbol szacunku dla tego azjatyckiego „chleba". W naszych warunkach, niestety, ciągle najpopularniejszy jest ryż polerowany, nie mający praktycznie żadnych składników odżywczych oprócz skrobi. Natomiast ryż pełny ma szereg cennych składników: witaminy B_1, B_2, B_6, kwas pantotenowy i foliowy, związki fosforu, potasu, siarki, magnezu, żelaza, cynku. Ryż zawiera stosunkowo mało lekkostrawnego białka i tłuszczu. Z ryżu polerowanego można przygotowywać lekkostrawne kleiki, używane w ostrych dietach, natomiast dla osób zdrowych polecam potrawy z ryżu pełnego o wyższej wartości biologicznej. Niemniej jednak z uwagi na fakt, że ryż nie jest naszym zbożem rodzimym, nie powinien stanowić głównej kaszy w naszym pożywieniu.

96. Gołąbki à la Puchacz

Zastosowanie: nadciśnienie, miażdżyca, podwyższony poziom cholesterolu

Na dno garnka nalać olej rzepakowy lub lniany, tak by przykrył dno, rozgrzać i wrzucić surowy ryż, smażyć 3 do 5 minut, zalać zimną, osoloną wodą, zagotować i odstawić, by ryż wchłonął wodę (proporcje 1 szklanka ryżu na 2 szklanki wody). Dno garnka do zapiekania wyłożyć plasterkami boczku lub podlać olejem (w wersji wegetariańskiej) i przykryć grubo poszatkowaną kapustą, położyć ryż wymieszany z pokrojonym boczkiem lub mielonym mięsem oraz pokrojoną w drobną kostkę cebulą (dwie średnie) i podlać maggi (w wersji wegetariańskiej dodajemy pokrojone grzyby około pół kilo), posypać estragonem, podlać 1,5 szklanki wrzątku, posypać kminkiem i majerankiem, i przykryć drugą warstwą kapusty. Zapiekać kwadrans bez przykrycia, potem pod przykryciem godzinę w temperaturze 170 stopni. Można zjadać bez dodatków lub tak jak gołąbki można podawać z sosami.

W przemianie Wody nie mamy żadnych zbóż tylko większość roślin strączkowych. W przemianie Drzewa jedno, ale za to bardzo ważne – pszenicę.

Pszenica

Jest to obecnie jedno z najważniejszych zbóż na świecie, jest uprawiana na najlepszych glebach. Ziarno pszenicy zawiera do 24% łatwo przyswajalnego białka m.in. glutenu, któremu ciasto zrobione z mąki pszennej zawdzięcza swą elastyczność. Niestety, jest to też białko, które uczula i dzieci mające na nie alergię są na diecie bezglutenowej. Pszenica zawiera oczywiście skrobię, witaminy, B_1, B_2, witaminę E, związki mineralne fosforu, potasu i magnezu. Pszenica jest stosowana w przemyśle cukierniczym, do wyrobu chleba, kasz (kasza manna, kuskus), produkuje się z niej mąki różnego typu, a pszenica twarda jest stosowana do produkcji makaronów. Najwięcej witaminy E ma olej pozyskany z zarodków pszenicy, jest on stosowany w leczeniu chromania przestankowego.

W wypadku pszenicy, tak jak u innych zbóż, najwartościowsza jest mąka razowa, wypieka się z niej bułki i chleb graham, można też obecnie dostać makaron z mąki razowej. W zasadzie nasza kuchnia mączna jest oparta o potrawy z mąki pszennej: naleśniki, pierogi, owoce w cieście, kluski i knedle różnego rodzaju, racuchy, makarony domowe, że nie wspomnę o ciastach i ciasteczkach. W niektórych rejonach na Wigilię robi się kutię tradycyjną, potrawę z obłuskanej pszenicy z dodatkiem bakalii. Podaję przepis na musli pszenne, trochę podobne w składzie, które można zjadać sobie na śniadanie w domu czy pracy zmieniając tylko sezonowe owoce.

97. Musli pszenne

Zastosowanie: zaparcia, podwyższony poziom cholesterolu, nerwice, obniżona odporność na infekcje, prostata.

Do zimnej wody wsypać szklankę umytego ziarna pszenicy i zostawić na noc do namoczenia. Następnego dnia ugotować pszenicę do miękkości i przestudzić. Do miski dać 2–3 łyżki miodu, pestki dyni lub słonecznika, rodzynki i do wyboru: 10 dkg malin lub starte 2 jabłka lub 3 podzielone na cząstki mandarynki lub 5 pokrojonych moreli lub 1 pokrojoną brzoskwinię, następnie dać cynamon i jeśli ktoś ma problemy z wypróżnieniem 10 dkg śliwek suszonych, ciut soli, ugotowaną pszenicę, mały kubek jogurtu naturalnego i do wyboru: 20 dkg truskawek, czarnych jagód, agrestu, porzeczek lub też wydrylowanych czereśni. To małe co nieco można przechowywać w lodówce 2–3 dni i podjadać. Znakomicie działa na perystaltykę jelit, reguluje poziom cholesterolu, a także dostarcza witamin i minerałów, i to w dość smacznej formie.

Kolej na przemianę Ognia, do której należą gryka i żyto.

Gryka

Jest zbożem stosunkowo późno wprowadzonym do uprawy w Europie, bo około VII wieku naszej ery, tym niemniej była i jest popularna. Nasz wieszcz narodowy, Adam Mickiewicz pisał o gryce jak śnieg białej. I rzeczywiście pole kwitnącej gryki z daleka wygląda jak ośnieżone, bo kwiaty są barwy czysto białej. Zwłaszcza w upalny letni dzień jest to widok odświeżający. Oprócz tych walorów estetycznych jest gryka bardzo cenną rośliną miododajną.

W żywieniu człowieka także ze względu na swoje wartości powinna być znacznie częściej spożywana nie tylko w charakterze kaszy do zrazów lub gulaszu. Pod względem wartości odżywczej zaliczamy kaszę gryczaną do czołówki, zawiera ona białko o składzie podobnym do białka zwierzęcego i dużej strawności, związki potasu, fosforu, żelaza, wapnia, magnezu, witaminy B_1, B_2, B_6, PP, rutynę (nie ma nic wspólnego z nudnymi powtarzającymi się działaniami tylko jest związkiem leczącym kruchość naczyń włosowatych, czyli pękające naczynka). Oprócz tego stosujemy potrawy z kaszy i płatków przy chorobach nerek, niedokrwistości oraz przy schorzeniach przewodu pokarmowego.

Najczęściej jest spotykana kasza gryczana palona, ale można dostać też kaszę białą oraz łamaną, czyli krakowską, jak również mąkę gryczaną. Obojętnie, w jakiej postaci warto jak najczęściej ją spożywać. Teraz tradycyjnie przepis.

98. Bliny drożdżowe gryczane

Robimy je z mąki gryczanej, jeśli nie mamy mąki możemy zemleć w młynku do kawy kaszę gryczaną. Do miski dać łyżkę cukru, jajo, szczyptę mielonego ziela angielskiego, szklankę wody, sól, pół małej paczki drożdży, rozrobić, zostawić na kwadrans by drożdże „ruszyły". Następnie dodać 4 łyżki mąki pszennej, szklankę mąki gryczanej, ciut kminku i 1/3 łyżeczki majeranku, zostawić na pół godziny. Smażyć na oleju małe placuszki. Podawać ze śmietaną z dodatkiem koperku i czerwonej słodkiej papryki w proszku.

Zastosowanie: kruchość naczyń włosowatych, niedokrwistość, nerwice, zaburzenia mikroflory jelitowej.

Żyto

Żyto podobnie jak owies przede wszystkim było i jest uprawiane na glebach ubogich i w trudnych warunkach klimatycznych. W związku z tym mówi się o glebie pszenno-buraczanej czyli najlepszej i glebie gorszej, czyli nadającej się do uprawy prosa, żyta czy owsa. Ziarno żyta zawiera przede wszystkim znaczne ilości witamin grupy B, karoten, aminokwasy niezbędne oraz cenne tłuszcze nienasycone.

W wypadku żyta, tak jak u innych zbóż, najwartościowsza jest mąka razowa, przy czym zawiera ona znacznie więcej witamin grupy B niż mąka razowa pszenna. Chleb żytni jest pieczony na zakwasie, dzięki czemu są unieczynniane niektóre substancje powodujące nowotwory. Każda osoba ze zdrowym przewodem pokarmowym powinna zajadać chleb żytni jak najczęściej, tylko osoby cierpiące na nadkwaśność i zgagę powinny ograniczyć jego spożycie.

Zastosowanie chleba żytniego (na zakwasie): nerwice, zaburzenia mikroflory jelitowej, nowotwory, zaparcia, choroby serca.

ZIOŁA

Bardzo ważne, a często niedoceniane, są zioła występujące nader pospolicie, z których można korzystać uzyskując poprawę stanu zdrowia – zwłaszcza w wypadku chorób przewlekłych oraz wtedy, gdy chcemy się zabezpieczyć przed infekcjami i zachować określony poziom odporności. W tym rozdziale chcę również opisać niektóre rośliny dziko rosnące oraz ozdobne, dzięki którym można zarówno wzbogacić codzienny jadłospis jak i poprawić stan zdrowia. Jak zwykle najpierw zaprezentuję rośliny należące do przemiany Ziemi.

Dziurawiec

Zioło o bardzo wszechstronnym działaniu, jest to bylina występująca dość pospolicie, lubiąca miejsca raczej suche. Liście oglądane pod światło mają jaśniejsze punkty przypominające dziurki i stąd pochodzi pospolita nazwa tej rośliny. Dziurawiec sięga około pół metra, jest rośliną odporną i dość dobrze znoszącą przesadzanie, można w ogrodzie zrobić z niego obramowanie, coś w rodzaju niewielkiego, nie sformowanego żywopłotu. Kwitnie drobnymi, gwiaździstymi kwiatkami o słoneczno-żółtej barwie.

Aby otrzymać najwartościowszy surowiec zielarski należy zbierać roślinę w pełni rozkwitu, a przed zawiązaniem nasion. Ziele ścinamy na wysokości 15–20 cm nad ziemią lub też ścinamy same pędy z kwiatami, suszymy jak zwykle w suchym, przewiewnym miejscu, bez dostępu światła. Tylko wyciągi alkoholowe i olejowe zawierają hiperycynę, związek, który przy dłuższym stosowaniu może uczulać na promieniowanie słoneczne, natomiast roztwory wodne nie zawierają tego związku, więc nie uczulają.

Napary z dziurawca możemy stosować same lub w mieszankach, pomagają one w nerwicach, stanach zapalnych, stanach skurczowych dróg żółciowych, hamują drobne krwawienia, mają też działanie przeciwbakteryjne i są pomocne w zaburzeniach trawienia. Nalewkę dziurawcową stosuje się w schorzeniach wątroby i dróg żółciowych przebiegających z niedostatecznym wydzielaniem żółci, ma również pewne działanie przeciwnowotworowe. Dziurawiec może być stosowany również przy schorzeniach nerek, gośćcu i kamicy moczowej, jak również nawet u dzieci w stanach lękowych, nerwicach i niepokoju.

Nagietek

Jest to kwiat dość powszechnie występujący, właściwości lecznicze mają rośliny z płatkami o intensywnie pomarańczowej barwie. Cała roślina (może z wyjątkiem korzenia) jest jak najbardziej jadalna, a ponieważ nagietek sam się rozsiewa, można przy przerzedzaniu siewek wykorzystać je do sałatek, surówek i zup. Suszymy kwiat nagietka jako surowiec zielarski.

Nagietek ma szereg cennych właściwości. Działa przeciwzapalnie, usuwa związki toksyczne powstałe w wyniku złej przemiany materii, ma działanie bakteriobójcze, grzybobójcze i bakteriostatyczne, działa podobnie do antybiotyków, ale bez ich skutków ubocznych, wzmacnia siły obronne organizmu, ma właściwości przeciwnowotworowe, reguluje też cykl miesięczny u kobiet, regeneruje wątrobę, pomaga przy przewlekłych schorzeniach przewodu pokarmowego.

Napary z nagietka stosuje się dla zwiększenia odporności, poprawienia funkcjonowanie narządów wewnętrznych, przy zaburzeniach w funkcjonowaniu dróg żółciowych.

Znacznie bardziej wszechstronne działanie mają alkoholowe i olejowe przetwory z nagietka: pomagają przy zaburzeniach miesiączkowania, leczą rozmaite dolegliwości skórne i uszkodzenia skóry od ran po oparzenia i owrzodzenia. Nalewkę nagietkową można kupić lub zrobić samemu poprzez macerację przez około 2 tygodnie w spirytusie 70%, można też zrobić wyciąg olejowy z nagietka, zalewając garść płatków 1,5 szklanki oleju słonecznikowego lub z pestek winogron, macerujemy około 3 tygodnie w ciemnym miejscu, możemy używać do smarowania skóry, przy rozmaitych dolegliwościach, a także popękanych brodawkach przy karmieniu niemowląt – jest on całkowicie bezpieczny dla osesków.

W celach wzmacniających, podkreślam wzmacniających, a nie w celu nadużycia alkoholu, można zrobić wino nagietkowe i popijać je po kieliszku 2 razy dziennie. Do słoika przelać butelkę wina wytrawnego czerwonego, gronowego w miarę dobrej jakości, dodać 2 garście świeżych kwiatów, zakręcić i macerować w ciemnym miejscu, co najmniej dwa tygodnie, po upływie tego czasu przystąpić do popijania wina z błogą świadomością, że tym razem alkohol służy zdrowiu.

Nie każdy ma czas i ochotę do robienia naparów lub innych przetworów z nagietka, dlatego polecam dodawanie płatków kwiatów do potraw, zwłaszcza przygotowywanych na ciepło, na przykład dodatek kwiatów nagietka do rosołu lub innej zupy sprawi, że oczka tłuszczu będą złociście-pomarańczowe i nawet osoba najsurowiej krytykująca nasze umiejętności kulinarne przycichnie – zapewne nie na długo, bo czepi się innych rzeczy, ale zawsze nieco odetchniemy.

Barwnik nagietka rozpuszcza się w oleju i tegoż oleju możemy używać do wykonania ozdobnego majonezu, dodawać do ciast budząc zazdrosne domysły o ilość zużytych żółtek, dodawać do sosów czy zup – przy okazji lecząc siebie i swoich bliskich. Również kwiaty mogą być niebanalną i jadalną ozdobą sałatek, kanapek czy składnikiem surówek. Mam nadzieję, że poznawszy zalety nagietka zaczniesz go uprawiać z entuzjazmem.

Nasturcja

Jest to roślina ozdobna, ma bardzo ładne kwiaty trąbkowate o barwie od żółtej do czerwono-brązowej i żywozielone okrągłe liście, w zależności od odmiany albo ma pędy długie i wijące się albo tworzy niewielkie kępki.

Oprócz niewątpliwych pozytywnych doznań estetycznych jest to roślina jadalna i to nawet wartościowa. Możemy zjadać kwiaty – zawierają karoten i flawonoidy, liście – mają bardzo dużo witaminy C – dodajemy je do surówek i sałatek, posypujemy posiekanymi potrawy gorące, a niedojrzałe nasiona możemy marynować otrzymując rodzime kapary i dodawać do różnych sosów zimnych i przekąsek, w ten sposób poprawiając trawienie i ułatwiając sobie przyswojenie składników odżywczych.

Nasturcja ma właściwości moczopędne, działa leczniczo przy stanach zapalnych nerek i dróg moczowych, jak również przy chorobach górnych dróg oddechowych, także przy zapaleniu oskrzeli. Ponadto jest to atraktant dla owadów niszczących mszyce. Polecam tym wszystkim, którzy nie mają ogródka, uprawę w skrzynkach nasturcji – będzie to i roślina ozdobna, i lecznicza, a przy okazji uzupełniająca braki witaminy C.

Perz

Surowcem zielarskim jest kłącze perzu i każdy, kto ma działkę czy ogród doskonale zna tę roślinę, ponieważ jej usunięcie z zagonów jest wyjątkowo trudne. Czujemy się wręcz jak bohater syzyfowych prac: już wydaje się, że wszystkie rośliny i kłącza zostały usunięte, już otarliśmy pot z uznojonego a szlachetnego czółka, a nie mijają dwa tygodnie, gdy z maleńkiego kawałeczka kłącza wyrasta nowa roślinka, życzliwie witająca tak duży i uporządkowany zagon, na którym będzie mogła się rozrastać.

Dlatego moja rada: zbierać kłącza, myć starannie i suszyć, miejmy, chociaż jakiś pożytek z uparciuszka. W celach leczniczych kłącze powinno zbierać się wiosną i jesienią, w pozostałych porach roku gromadźmy je na osobnym kompostowniku, przesypując ziemią i dolomitem, gdzie mniej więcej po 2 latach ulegnie rozkładowi, dając nam wartościowy kompost.

Kłącze perzu możemy użytkować, podobnie jak ziele skrzypu, w celu uzyskania krzemionki – szczegółowe omówienie przy opisie skrzypu, jak również w formie odwaru jako środek moczopędny, czyszczący krew i pomocny w schorzeniach skórnych oraz upośledzonej przemianie materii, jak również przy nadciśnieniu, podwyższonym poziomie cholesterolu i niewydolności wątroby. Ponieważ smak perzu można najżyczliwiej określić jako nijaki, możemy kłącza w formie zmielonej stosować jako dodatek do potraw gotowanych przy okazji dokonując profilaktyki wyżej wymienionych schorzeń. Smaku ani koloru potrawy nie zmienimy, a zawsze miło zrobić coś dla własnego zdrowia, zwłaszcza tak małym wysiłkiem.

Pokrzywa

Jest to roślina, na którą nie sposób nie zwrócić uwagi, zwłaszcza, gdy nastąpi bliski, bezpośredni kontakt. Właściwości lecznicze ma zarówno pokrzywa zwyczajna o sporych, ciemnozielonych liściach jak i pokrzywa żegawka o liściach mniejszych, barwy nieco przytłumionej, natomiast, jeśli idzie o właściwości parzące to ho, ho, żegawka jest klasą samą w sobie. Zawsze, gdy ją zbieram, żałuję, iż nie mam kompletnego kombinezonu ochronnego. Z pokrzywami należy zawrzeć dżentelmeńskie porozumienie – mieć je w kilku miejscach na działce w charakterze zieleni użytkowej, resztę wyrywać za młodu, stosując drobno posiekaną do potraw.

Pokrzywa jest kolejnym szalenie przydatnym zielem, zawiera bowiem arcybogaty zestaw witamin i minerałów, dzięki którym działa wzmacniająco, remineralizująco, uzupełnia braki witamin, ma działanie krwiotwórcze i poprawiające procesy przemiany materii. Oprócz tego pokrzywa jest środkiem moczopędnym, przy czym wzmaga usuwanie szkodliwych produktów przemiany materii, ponadto obniża ciśnienie krwi, działa przeciwcukrzycowo, przeciwnowotworowo, przeciwwirusowo, może być również stosowana przy rozmaitych nieżytach przewodu pokarmowego i kruchości naczyń włosowatych.

Ziele pokrzywy ma najwięcej składników czynnych, gdy zbierzemy je w maju, ale można zbierać przez cały okres wegetacyjny, w miarę tego jak będzie odrastać. Suszymy w warunkach podobnych jak inne zioła, przechowujemy w pojemnikach szczelnie zamkniętych, najlepiej szklanych słojach, w szafach lub szafkach, w każdym razie bez dostępu światła. Parzymy sobie liść jako napar do popijania, możemy ewentualnie, łączyć z innymi ziołami. Przykładowe mieszanki:

- mięta pieprzowa, wrzątek, ziele nagietka i liść pokrzywy lub też liść mięty, wrzątek, korzeń łopianu i liść pokrzywy – po łyżce ziół i 3 szklanki wrzątku,
- można też stosować liść czarnej porzeczki, wrzątek, owoc róży lub głogu, liść pokrzywy – stosujemy zimą jako środek mineralizujący, wzmacniający odporność przeciw chorobom infekcyjnym i dostarczający witamin,
- podobnie jak wrzątek, owoc róży, liść pokrzywy, liść maliny.

Wyżej wzmiankowane mieszanki parzymy po pół godziny, cedzimy i popijamy, w razie potrzeby podgrzewając.

Skrzyp

Ziele skrzypu również występuje jako chwast w ogrodach i jest dodatkowo wskaźnikiem zakwaszenia gleby, zbieramy go przez cały okres wegetacyjny i suszymy. Skrzyp ma właściwości moczopędne, poprawia pracę narządów wydzielania wewnętrznego, działa przeciwkrwotocznie i lekko podnosi poziom hemoglobiny.

Najważniejszym składnikiem skrzypu jest jednak krzem. W krzemionkę – formę przyswajalną przechodzi krzem dopiero po gotowaniu i to najlepiej minimum pół godziny, dlatego też najlepiej jest dodawać zmielony skrzyp lub kłącze perzu do zup – w ilości 1 czubata łyżka na 1,5 l płynu, nie zmienimy smaku, a tylko (przy stosowaniu skrzypu) kolor, dlatego dodajmy skrzyp do zup i potraw o intensywnej barwie.

O krzemie będę jeszcze mówić w rozdziale poświęconym składnikom mineralnym, ale tylko wspomnę, że krzemionka leczy alergie skórne, zapobiega miażdżycy, ochrania przed kamicą moczową, utrzymuje odporność i elastyczność skóry – nie mamy zmarszczek – jak również elastyczność naczyń krwionośnych i błon śluzowych. Dlatego też warto skrzyp stosować, jeśli mamy kilka zerwanych, świeżych roślin to po prostu wrzućmy je na początku gotowania, a oszczędzimy na kremach przeciwzmarszczkowych, nie wspominając o ogólnej poprawie samopoczucia.

Obecnie rośliny z przemiany Metalu.

Fiołek trójbarwny

Zwany jest inaczej bratkiem polnym, bo istotnie kwiatki ma podobne do maciupeńkich fioletowo-żółtych bratków. Występuje również jako chwast ogrodowy oraz rośnie na łąkach, nieużytkach i na skraju pól. Zbieramy kwitnące pędy, wycinając na wysokości kilku centymetrów nad ziemią i suszymy. Ziele to ma przede wszystkim zastosowanie jako środek poprawiający wydzielanie szkodliwych produktów przemiany materii z moczem oraz przy schorzeniach nerek, ponadto uszczelnia ściany naczyń włosowatych jak również zwiększa wydzielanie śluzu oskrzelowego.

Jest stosowany przy rozmaitych schorzeniach skórnych, najlepiej wówczas pić napar z fiołka na czczo, co prawda po 2–3 tygodniach na skórę wypełźnie wszystko, ale za to potem przejdzie i cera będzie gładka i czysta. Fiołek jest też stosowany jako składnik różnych mieszanek czyszczących krew i działających odtruwająco oraz przy leczeniu alergii skórnych.

Krwawnik

Roślinka ta ma pierzaste liście i białe, ułożone wachlarzowato drobne kwiaty. Są również odmiany ogrodowe o kwiatach kolorowych, ale nie mają one znaczenia leczniczego. Krwawnik jest rośliną trwałą, najlepiej wydzielić mu kącik pomiędzy kwiatami, gdzie będzie sobie rósł spokojnie nikomu nie wadząc. Rośliny krwawnika można dorzucać do kompostu, znacznie przyspiesza to proces kompostowania i wzbogaca sam kompost.

Krwawnik należy do ziół czyszczących krew, wpływa na usuwanie szkodliwych produktów przemiany materii, zapobiega tworzeniu kamieni nerkowych, jest przydatny przy takich zaburzeniach ze strony przewodu pokarmowego jak wzdęcia, stany kurczowe, odbijanie, działa przeciwzapalnie, oraz bakteriostatycznie. Nazwa tej rośliny jest związana z tamowaniem krwawień, jest on skuteczny przy krwawieniach w przewodzie pokarmowym, zwłaszcza przy krwawiących hemoroidach.

Zbieramy ziele i kwiat krwawnika, suszymy i potem używamy w mieszankach poprawiających przemianę materii. Świeże listki krwawnika można dodawać wiosną do surówek i do potraw, można też wyciskać z nich sok (łyżkę soku rozcieńczyć wodą i pić na czczo) i przeprowadzić wiosenną kurację czyszcząca krew przez trzy tygodnie. **Listki** do potraw można pozyskiwać stale, należy tylko pamiętać, że w późniejszym okresie należy je drobniutko siekać, bo mają więcej błonnika i przy jedzeniu większe kawałki potrafią drapać w gardło, a nie jest to doznanie, które można zaliczyć do przyjemnych.

Melisa

Jest to roślina trwała, tworząca bardzo malownicze krzaczki wysokości około 70–80 cm. Posiana wymaga rozsadzenia i od drugiego roku zaczyna się na serio rozrastać. Jest to roślina miododajna, bardzo ceniona przez pszczoły. Liście ma szmaragdowo-zielone, o lekko ząbkowatych brzegach i sercowatym, trochę wydłużonym kształcie, rosną bardzo gęsto na całej roślinie, co sprawia, że melisa wygląda trochę jak stożek w zielonym ubranku.

Ma odświeżający cytrynowy zapach i świetnie się nadaje na letnie napoje. Ponadto oczywiście ma właściwości lecznicze. Zbiera się górne części pędów i suszy, otrzymując liść melisy – po prawidłowym suszeniu powinien on zachować zieloną barwę. Najlepiej jest suszyć liście, a właściwie pędy rozkładając pojedynczą warstwą, tak by się nie dotykały, bo są delikatne i łatwo się zaparzają.

Melisa jest stosowana jako środek uspokajający we wszelkiego rodzaju zaburzeniach nerwowych, czy to w nerwicach wegetatywnych czy też w stanach pobudzenia nerwowego przebiegających z bezsennością i rozdrażnieniem, w nerwobólach, ponadto ma działanie rozkurczowe, przeciwzapalne, bakteriobójcze oraz wirusobójcze. Najprościej przygotować odwar z ziela: do 2 szklanek zimnej wody dodać 2 łyżki ziela melisy, zagotować i zostawić na pół godziny. Po tym okresie odcedzić i pić po pół szklanki jako środek uspokajający i rozkurczający mięśnie gładkie. Można też uspokajać się przyjemniej, popijając wino melisowe: do butelki wina gronowego białego wytrawnego dodać garść świeżych, posiekanych liści melisy i zostawić na cztery dni, potem popijać – (odcedzając naturalnie) – wino o miłym cytrynowym aromacie po pół kieliszka 2 razy dziennie szczególnie pod wieczór.

Melisa ma tak łagodne działanie, że może być także stosowana u dzieci powyżej piątego roku życia – w tym celu można robić syrop miodowo-melisowy. Ze względu na wyjątkowo elegancki wygląd i to przez cały okres wegetacyjny można wykorzystać ją do tworzenia niskich żywopłotów, najlepiej połączyć dwa w jednym i odgrodzić się od strony nerwowego sąsiada – my go nie będziemy oglądać jak wyciągniemy się na kocyku, a jemu olejki eteryczne melisy może poprawią charakter.

Melisę warto dodawać do wszelkiego rodzaju potraw z owoców, czyli do sałatek i surówek, do soków i napojów z owoców, chłodników, koktajli mlecznych, a także możemy listki melisy zalać naparem z herbaty, uzyskując orzeźwiający i aromatyczny napar. Można też gałązki melisy zabierać do domu jako dodatek do pachnących bukietów dodatkowo pomocnych przy bólach głowy, jak również dodawać listki lub odwar z nich do wieczornej, relaksującej kąpieli.

Mięta

Razem z melisą należą do przemiany Drzewa. Jest to roślina trwała, rozmnaża się z rozłogów. W pierwszym roku jest rozkosznym maleństwem, o które troskliwie dbamy. Jak to jednak maleństwa, rośnie i zaczynają się kłopoty, bo mięta w późniejszych latach jest dosyć ekspansywna, dlatego najlepiej przeznaczyć na nią jakiś osobny kącik, gdzie będzie mogła bez przeszkód toczyć darwinowskie potyczki z innymi roślinami.

Najlepsze odmiany mięty pieprzowej mają czerwonawe zabarwienie spodniej strony liści. Zbiera się pędy przed kwitnieniem i suszy otrzymując liść mięty, jeden z najpowszechniej stosowanych surowców zielarskich.

Mięta jest pomocna we wszelkich schorzeniach wątroby i woreczka żółciowego, działa rozkurczowo na mięśnie gładkie, dlatego jest też zalecana przy zaburzeniach trawiennych, bólach brzucha, nieprawidłowym trawieniu tłuszczów, skurczach jelit i wzdęciach. Ma też słabe właściwości uspokajające. Świeże listki mięty można żuć dla odświeżenia oddechu oraz dla odkażenia jamy ustnej, można też dodawać je do napojów. W Anglii jest znany sos miętowy do baraniny i niewątpliwie są osoby, którym to smakuje, mam jednak wrażenie, że należą one do grupy męczenników kulinarnych.

Teraz coś o stosowaniu mięty – parzymy ją tak jak melisę, jeśli chcemy działać na wątrobę, a zalewamy wrzątkiem, jeśli interesuje nas poprawa funkcjonowania żołądka i jelit.

Hyzop

Jest to krzewinka zimozielona, przy czym mnie ze względu na charakter hyzopu pasuje raczej określenie półkrzew, gdyż słowo krzewinka kojarzy się z pewną nieśmiałością, a czego, jak czego, ale tego hyzopowi nie można zarzucić. Roślinka jest mistrzem kamuflażu. Z jakąż troskliwością czuwałam nad drobniutkimi pędami, potem w drugim roku przesadzałam słodkie, dzielne ociupiny, które rosły, i rosły, i rosły rozkrzewiając się coraz bardziej i bezpardonowo wygryzając innych sąsiadów. Dość powiedzieć, że wychodzą zwycięsko z potyczek z usiłującymi opanować ich teren malinami. Niemniej jest to roślina bardzo przydatna do oddzielania rabat kwiatowych od trawnika lub też od krzewów jagodowych – nic się nie przeciśnie. Ponadto, nie da się ukryć, że hyzop wygląda okazale. Rośnie na wysokość około 70 cm, rozkrzewia się bujnie, pięknie pachnie, a gdy kwitnie to jest to wręcz poemat w kolorze głębokiego, czystego błękitu.

Zbieramy na początku kwitnienia górne części pędów i jak zwykle suszymy, oczywiście, hyzop nie rezygnuje tak łatwo i powtarza kwitnienie, a my znowu zbieramy itd. Zastosowanie hyzopu jest dość wszechstronne, przede wszystkim działa rozkurczowo na przewód pokarmowy i jest pomocny przy nieżytach, nadmiernej fermentacji, gazach, wzdęciach, poprawia trawienie i przyswajanie składników odżywczych oraz działa znakomicie przy chorobach górnych dróg oddechowych – kaszlu, chrypce, nieżycie gardła i krtani.

Hyzop należy do przemiany Ognia. Jeżeli chcemy poprawić trawienie, to parzymy zioło następująco: na 1 l wrzątku dać 4 płaskie łyżki ziela, zostawić na godzinę (najlepiej w żaroodpornym dzbanku), potem odcedzić i pić na pół godziny przed jedzeniem, stosujemy w cyklach – 2 tygodnie picia, 2 tygodnie przerwy. Podobnie parzymy hyzop w sprawie „gardłowej" – tylko parzyć pół godziny i po lekkim przestudzeniu posłodzić miodem lub dodać sok z malin.

Przedstawiłam tu bardzo niewiele roślin, z którymi mam do czynienia, na co dzień, jednak nawet ta mała prezentacja ukazuje, jakie bogactwa kryją się w roślinach obok nas, a czasami dosłownie przechodzimy obok, podczas gdy odrobina czasu poświęcona na zebranie ziółek przyniosłaby nam znaczne korzyści zdrowotne.

KALENDARZ

Styczeń

Mamy Nowy Rok. Przeżyliśmy szaleństwa sylwestrowe i możemy odrabiać szkody. Zaczynamy, tak jak po świętach, od kwasówki.

99. Kwasówka

Zastosowanie: schorzenia wątroby, nadkwaśność, zgaga, zaburzenia mikroflory jelitowej (np. po antybiotykoterapii, nadciśnienie.

Składniki: woda z ogórków kiszonych ok. 2 l, 5–6 dużych ziemniaków pokrojonych w grubą kostkę, mielony kminek, 1 jajo, 1/3 l śmietany (kubek), natka pietruszki, pieprz, sól.

Wykonanie: do ok. 1/2 l wrzątku dodać kminek i ziemniaki, dodać pieprz, jarzynkę i sól. Gdy ziemniaki będą miękkie, wlać wodę z ogórków, w naczyniu roztrzepać jajo, dodać pieprz, sól i śmietanę, wlać do zupy, a następnie posypać zupę posiekaną natką.

W tym miesiącu pamiętamy o jednej z najważniejszych witamin, której niedobór może się nam zacząć dawać we znaki – pamiętamy o **witaminie C**. Według ostatnich danych zapotrzebowanie na tę witaminę wynosi 120 mg/dzień, a u osób palących tytoń 250 mg/dzień. Witamina ta jest „paliwem" dla wątroby, pomaga w utrzymaniu prawidłowego poziomu cholesterolu w organizmie, osłania organizm przed nowotworami, podnosi odporność na infekcje i zakażenia wirusowe i bakteryjne oraz poprawia krzepliwość krwi, sprzyja regeneracji tkanek, osłabia uboczne działanie toksyczne leków, jest dobrą odtrutką na związki rtęci i ołowiu. Najprościej sprawdzić czy jest wszystko w porządku myjąc zęby rano – jeśli pojawi się krew z dziąseł oznacza to, że mamy braki witaminy C i należy ją uzupełniać.

Należy w związku z tym zacząć jeść **surówki z dodatkiem kapusty kiszonej i ogórków kwaszonych**. Do wszystkich potraw dodawać obficie zamrożone jesienią natki, bogate w witaminę C. Zamiast coca coli i innych tym podobnych napojów do picia podajemy napar z owocu dzikiej róży, głogu, kompoty lub soki z czarnej porzeczki, aronii. **Napar z dzikiej róży lub głogu** przygotować następująco: 6–8 łyżek suszonych owoców zalać 1 l wrzątku, odstawić na godzinę, cedzić i pić. Jeśli mamy mrożone owoce to dać 5 łyżek i gotować 3 minuty, a potem postępować tak samo jak z naparem z suszu. **Kompoty z mrożonych owoców** przygotować następująco: do 2 l wrzątku dodać 0,5 kg mrożonych owoców, tak by nie przerwać gotowania, dodać 1 lub 2 łyżki owoców róży lub głogu, gotować 10 minut, potem słodzić, w miarę możności miodem.

Dodając mrożone **natki** pamiętamy, by ich nie rozmrażać tylko pokruszyć zamrożone nożem i momentalnie dodawać do potrawy i wymieszać tak, by odciąć dostęp tlenu z powietrza, który nam witaminę zniszczy. Dla osób lubiących sobie ułatwiać życie i pomagać tabletkami mam złą nowinę. Witamina C najlepiej jest przyswajana z połączeń naturalnych, natomiast witamina C w tabletkach najczęściej jest wydalana z moczem.

I jeszcze jedna uwaga. **Nie moczymy kapusty i nie wylewamy wody, bo w ten sposób tracimy witaminę C**, która jest rozpuszczona w wodzie. Jeśli kapusta jest zbyt kwaśna możemy ją trochę pomoczyć, ale pamiętajmy o tym, żeby wodę wykorzystać. To samo dotyczy wody z ogórków, która jest najczęściej wylewana. Na bazie wody z kapusty kiszonej lub ogórków można przygotowywać **zaprawy do surówek**: woda, kminek mielony, odrobina oleju, najlepiej lnianego, pieprz, sól. Taką zalewę można stosować do wszystkich surówek z warzyw kapustnych i korzeniowych.

Luty

Tradycyjnie w naszym kraju luty był miesiącem najzimniejszym, stąd nazwa luty, czyli srogi. W porzekadłach też to się odzwierciedlało, np. idzie luty, obuj ciepłe buty.

Obecnie jesteśmy dość dobrze chronieni przed zimnem. Jednak mimo to rozmaite przeziębienia dość często się zdarzają. Bierze się to najczęściej ze zbyt dużej różnicy temperatur między pomieszczeniem, w którym się przebywa a otoczeniem. Nasz mechanizm termoregulacji nie jest przyzwyczajony do szybkiego reagowania na tak duże różnice temperatur. Dlatego pamiętajmy, by wychodząc ubrać się ciepło i wyjść zanim zrobi się nam gorąco, bo wyjście spoconej osoby na mróz kończy się zazwyczaj przeziębieniem. Niestety, bardzo często matki ubierają swoje pociechy w kurtki, czapki i szaliki, po czym maluch ociekając potem stoi i czeka aż matka się ubierze. Potem zaś okazuje się, że dziecko bez przerwy jest chore. Jeśli już dziecko jest ubrane można uchylić drzwi na klatkę schodową lub do sieni, gdzie jest niższa temperatura, tak by nie zdążyło się przegrzać. Kolejna uwaga dotyczy już dzieci w wieku szkolnym. Jesienią, a zwłaszcza zimą, nie wypuszczajmy dzieci do przedszkola lub szkoły bez ciepłego posiłku. Jeśli dziecko nie chce jeść zawsze może wypić ciepły napój. Ten prosty sposób często chroni przed przeziębieniami. Najstosowniejszym napojem jest tu **kompot wiśniowy** lekko posłodzony miodem z dodatkiem odrobiny imbiru (na czubek noża na szklankę), **sok wiśniowy** pół na pół z wrzątkiem, z dodatkiem odrobiny miodu i imbiru. Można też zrobić **napar z dzikiej róży**, dodać miodu i imbiru, czy podać filiżankę **barszczyku czystego** z ząbkiem świeżego, posiekanego czosnku. **Imbir**, prawie nieznany w naszej kuchni jest jednym z najstarszych ziół przyprawowych o szerokim spektrum działania. Ma właściwości bakteriobójcze i bakteriostatyczne, działa silnie rozgrzewająco, pomaga przy obrzękach, schorzeniach żołądkowo-jelitowych, jest stosowany przy gośćcu i problemach w oddawaniu moczu. Można stosować też do płukania gardła przy anginie (szklanka wrzątku, odrobina miodu, 1 łyżeczka imbiru, odstawić niech przestygnie, wymieszać i płukać gardło, do następnego płukania lekko resztę podgrzać).

To, co pisałam na temat picia przed wyjściem z domu odnosi się również powrotu do domu po przemarznięciu. Podanie w porę ciepłego napoju i ciepłego jedzenia może nam oszczędzić wydatków na lekarza. Do jedzenia najlepszy będzie **barszcz czerwony z czosnkiem**, do tego **chleb z posiekanym czosnkiem lub startą czarną rzodkwią lub chleb z chrzanem czy musztardą.** Na pewno nie sięgać po banana, bo przeziębienie pewne. Należy pamiętać, że owoce klimatu gorącego mają za zadanie chłodzić, ułatwić znoszenie upałów, dlatego jedzmy je latem, a nie zimą.

100. Barszcz czysty

Zastosowanie: niedokrwistość, osłabiona odporność na infekcje, schorzenia wątroby, nowotwory.

Składniki: 4–5 buraków średnich ugotowanych w łupinach, woda z ogórków lub sok z cytryny lub kwasek lub kwas mlekowy do zakwaszenia, przyprawy, łyżeczka masła.

Wykonanie: do 3 l wrzątku dodać masło, dodać pieprz (można 3 posiekane ząbki czosnku), dodać Vegetę i sól, suszony, rozdrobniony grzybek, dodać kwasek (jeśli dajemy wodę z ogórków to zmniejszyć ilość wrzątku w zależności od tego jak kwaśna jest woda – od 0,5 l do 1 l, dodać kminek i obrane z łupin, pokrojone lub starte na grubej tarce buraki, pogotować chwilę.

Marzec

Za moment zacznie się wiosna, a nas dopada wiosenne zmęczenie. Często jesteśmy senni, rozdrażnieni, boli nas głowa, a rodzina, ze szczególnym uwzględnieniem pociech, jest bardziej nieznośna niż zwykle.

Wszystkie te dolegliwości są najczęściej spowodowane brakiem witamin i mikroelementów, które utrzymują nas w jakim takim stanie nerwowym. Dzieci i młodzież odczuwają to silniej niż osoby dorosłe, ponieważ są akurat w okresie rozwoju i wzrostu. Bardzo często senność lub nadmierna pobudliwość, brak skupienia i trudności z zapamiętaniem wiadomości, wybuchy agresji są spowodowane brakami w żywieniu.

Oczywiście większość z nas zna tragiczne historie o przednówku, gdy ludzie umierali z głodu jedynie z lektur, jednak faktem jest, że choć głód nam w zasadzie nie grozi, często mamy do czynienia z głodem utajonym.

Oznacza to, że choć pod względem kalorycznym pożywienie zaspokaja zapotrzebowanie organizmu, to jednak jest on niedostatecznie zaopatrzony w **witaminy i mikroelementy**. Dzieje się tak dlatego, że dużą część naszego zapotrzebowania energetycznego zaspokajają tłuszcze i węglowodany, zbyt mało natomiast jadamy warzyw i owoców. Tu należy przypomnieć, że witaminę C, która jest niezbędna dla organizmu, mogą nam dostarczyć tylko warzywa i owoce. Chcę zwrócić tu uwagę na całkowicie u nas niedoceniane źródło witaminy C. Tym źródłem są **ziemniaki**. Warzywo, które przez swoją prawie codzienną obecność na naszych stołach może oddawać nam nieocenione usługi, jest najczęściej przygotowywane w taki sposób, że jego cenne składniki są marnowane. Niewiele osób zdaje sobie sprawę, że 300 g ziemniaków (obranych) może zaspokoić dzienne zapotrzebowanie na witaminę C. Dzieje się tak, gdy przestrzegamy paru zasad: ziemniaki cienko obieramy, płuczemy szybko pod bieżącą wodą (w żadnym przypadku nie moczymy!) i wrzucamy natychmiast do wrzątku. Nie solimy! Oczywiście latem i jesienią ziemniaki mają więcej witaminy C, a zimą i wiosną coraz mniej, ale w każdym wypadku należy wykorzystać tę drogę dostarczania witaminy. **Wodę z odlanych ziemniaków** wykorzystujemy do zup i sosów, bo w niej również znajduje się sporo wit. C. Dopiero gdy ziemniaki zaczną wypuszczać kiełki, wodę wylewamy, ze względu na obecność trującej solaniny. Oprócz tego ziemniaki ze względu na dużą zawartość potasu działają leczniczo na nerki i serce (zwłaszcza przy nadciśnieniu), jeśli oczywiście ich nie posolimy.

Surowy sok z 2 średnich ziemniaków pitych na czczo jest znakomitym środkiem gojącym wrzody żołądka i dwunastnicy, oraz leczącym nadkwasotę (ustępuje zgaga). Stosuje się przez 2 tygodnie i po tygodniowej przerwie powtarza.

Powracając do zmęczenia wiosennego to oprócz wit. C, największe znaczenie ma tu dostarczanie magnezu i ogólne utrzymanie równowagi kwasowo-zasadowej, czyli właściwa ilość w pożywieniu warzyw i owoców. Braki magnezu objawiają się między innymi nadmierną pobudliwością, utratą koncentracji, porannym zmęczeniem, bezsennością, apatią. Magnez jest zawarty w zielonych częściach roślin, mają go też orzechy włoskie, dzika róża, ciemne pieczywo, szara sól. Ponieważ rośliny oprócz natek są niedostępne, należy spożywać więcej ciemnego pieczywa, jeść wieczorem kilka orzechów włoskich oraz jako uzupełnienie dawki pokarmowej stosować preparaty magnezu, najlepiej dolomit, w ilości od 3 do 7 tabletek lub 3–4 łyżeczki dziennie (w zależności od postaci preparatu). Przypominam, że picie alkoholu powoduje wydatne obniżenie zawartości magnezu we krwi, więc osoby, które piją alkohol potrzebują go więcej.

Kwiecień

Zbliżają się Święta Wielkanocne. W dawnych czasach bardzo rygorystycznie przestrzegano postu. Była w tym głęboka mądrość. Otóż post miał oczyścić organizm ze złogów po zimie, odtruć i przygotować na zmianę sposobu odżywiania z jesienno-zimowego na wiosenno-letni. O ile w pierwszym jadłospisie dominowały kasze, kiszonki i mięso, o tyle drugi jadłospis był złożony z produktów jarskich. Dlatego osoby, które mogą sobie na to pozwolić namawiam na post, czyli na wykluczenie na okres co najmniej czterech tygodni mięsa i wędlin ze swojego jadłospisu. Wyjdzie to nam naprawdę na zdrowie. Jeśli komuś dokuczają skroniowe bóle głowy czy migreny to są one sygnałem, że wątroba nie daje sobie rady z toksynami. Dobrze jest w tym okresie pić sok ze świeżych liści brzozy (można kupić w aptece), jeśli go nie ma to zażywać Urogran lub stosować Fitolizynę, aby wspomóc nerki i wątrobę. Do wyżywienia rodziny wprowadzić w jak najszerszym zakresie, fermentowane napoje mleczne, a więc kefiry, jogurty i kwaśne mleko. Zawierają one kwas mlekowy, który ma działanie przeciwnowotworowe, a oprócz tego reguluje florę bakteryjną jelit i odtruwa. Napoje te zawierają również wapń konieczny dla budowy zębów i kości oraz witaminy grupy B regulujące szereg procesów w organizmie, mają one także działanie przeciwnerwicowe. Aby uzyskać dobre kwaśne mleko należy mleko przegotować, ostudzić do temperatury pokojowej i dodać na litr mleka 2 lub 3 łyżki kwaśnej, gęstej śmietany. Dobrze rozmieszać i pozostawić w ciepłym miejscu przez dobę, a potem przechowywać w chłodnym miejscu. Na bazie kwaśnego mleka można sporządzać szereg napojów zarówno o smaku słodkim jak i pikantnym.

101. Napoje z kwaśnego mleka

A. Z wodą z ogórków kiszonych

Zastosowanie: schorzenia wątroby, nadkwaśność, zgaga, zaburzenia mikroflory jelitowej (np. po antybiotykoterapii, nadciśnienie.

1 szklanka kwaśnego mleka, 1/2 szklanki wody z ogórków kiszonych, 1/3 łyżeczki kminku – poprawia trawienie.

B. Z sokiem z marchwi lub buraków

Zastosowanie: schorzenia wątroby, niedokrwistość, nowotwory, choroby serca.

1 szklanka kwaśnego mleka, 1/2 łyżeczki tymianku lub kminku, 1/2 szklanki soku z marchwi lub buraków (można wymieszać z barszczem z podanego przepisu).

C. Z sokiem pomidorowym

Zastosowanie: przewlekła niewydolność nerek, zaburzenia mikroflory jelitowej (np. po antybiotykoterapii), nadciśnienie, nowotwory.

1 szklanka kwaśnego mleka, 1/2 łyżeczki kminku, 1/3 szklanki soku pomidorowego lub 1 łyżka koncentratu, 1/3 szklanki soku z selera lub posiekane dwa ząbki czosnku.

D. Z naparem z dzikiej róży i dżemem

Zastosowanie: schorzenia wątroby, niedokrwistość, nowotwory, obniżona odporność na infekcje.

1 szklanka kwaśnego mleka, 2 łyżki naparu z dzikiej róży, 3 łyżki dowolnego dżemu.

Wszystkie te napoje oczywiście należy zmiksować, do pikantnych możemy dodać posiekane natki lub łyżkę posiekanej rzeżuchy.

Rzeżucha używana w charakterze ozdoby stołu wielkanocnego, zasługuje na coś więcej. Ma działanie mineralizujące, poprawia trawienie i wydzielanie żółci. Dlatego dobrze jest posiać jej więcej i mieć do dyspozycji do pojawienia się nowalijek. Listki dodajemy do surówek, kładziemy na chleb z masłem, mieszamy z majonezem do jajek. Ze względu na dość silne działanie żółciopędne nie powinniśmy jeść więcej niż 1 lub 2 łyżki dziennie.

Zasiadając do stołu wielkanocnego pamiętajmy o podaniu kiszonych ogórków, sosu tatarskiego, buraczków jako ćwikły oraz chrzanu. Wszystkie te dodatki poprawią trawienie i ułatwią pracę naszemu układowi trawiennemu. Wykonując żurek, oprócz tradycyjnego sposobu podania spróbujmy następującego urozmaicenia: do nalanego na talerz żurku dodajemy posiekane jajko, 1 łyżkę posiekanej rzeżuchy i 1 łyżkę chrzanu. Zanim zasiądziemy do świątecznego stołu przygotujmy mielony kminek i majeranek, wymieszajmy je i przed posiłkiem połknijmy 1/2 łyżeczki popijając płynem. Aby kminek miał działanie lecznicze musi być zmielony. I wtedy likwiduje wzdęcia, ułatwia trawienie potraw tłustych oraz potraw z warzyw kapustnych, łącznie z bigosem.

Maj

Są już do dyspozycji nowalijki, ale kupujmy je tylko wtedy gdy mamy pewność, że producent ceni na równi zdrowie konsumentów i własne zyski. W przeciwnym razie możemy nie dość, że nie poprawić stanu swego zdrowia, ale wręcz doprowadzić do podtrucia organizmu. Lepiej jest poczekać na świeże warzywa, które pojawiają się we właściwym czasie. Póki co, pędźmy szczypior ze starych cebul, siejmy rzeżuchę i rozglądajmy się za roślinami, które mogą pomóc nam w dostarczeniu mnóstwa witamin i składników mineralnych. Do roślin tych należą: pokrzywa, mniszek lekarski czyli popularny mlecz, babka lancetowata i podbiał. Kurację oczyszczającą po zimie przeprowadzamy do połowy maja, korzystając z tych roślin. Zebrać młodą pokrzywę, młode listki mniszka i korzeń, młode listki babki (może być zamiast niej krwawnik) oraz kwiaty i liście podbiału. Jeśli któregoś składnika brakuje, to trudno, najważniejsza jest pokrzywa. Wyżej wymienione zioła w równych proporcjach drobno pokroić, dodać olej (tak by zioła były dobrze nim pokryte), szczypior z cebuli i sól. Włożyć do słoika ciasno ugniatając i do lodówki na pół godziny. Po tym czasie jeść pierwszą porcję – 2 łyżki ziół. Zioła jeść trzy razy dziennie poczynając od dwóch łyżek (pierwszy tydzień) i stopniowo zwiększać ilość do 4 łyżek, w kolejnych tygodniach. Najlepiej pierwszą porcję zjeść na czczo i odczekać godzinę po czym zjeść śniadanie.

Generalnie należałoby przeprosić się z pokrzywą i zacząć stosować ją w znacznie szerszym zakresie w kuchni. Młode posiekane listki możemy dodawać do sałatek, surówek i zup (1–2 łyżki na całą porcję), oprócz tego pokrzywę ususzyć (najlepsza jest właśnie majowa) i popijać herbatkę ziołową (1 łyżka na szklankę wrzątku) lub też używać jej w inny sposób. Sproszkować suszoną pokrzywę, zarówno korzeń jak i liść i wymieszać z ogrzanym (nie zagotowanym) miodem w takiej ilości, by miód stanowił tylko wypełniacz. Można podawać dzieciom w celu wzmocnienia, osobom przewlekle chorym, ludziom, którzy muszą zdobyć się na wysiłek fizyczny i umysłowy oraz wszystkim, którzy chcą być zdrowi. Póki mamy do dyspozycji świeżą pokrzywę, ścinajmy jej czubki i posiekane dodawajmy w charakterze zieleniny, potem stosujmy suszoną.

Pokrzywa działa przeciwnowotworowo, pomaga przy cukrzycy (ma związki insulinopodobne), zwiększa zawartość hemoglobiny we krwi jest środkiem moczopędnym, zaleca się ją przy zaburzeniach w trawieniu i dla ogólnej remineralizacji organizmu, oprócz tego pokrzywa działa bakteriobójczo. Zawartość witaminy C w liściach pokrzywy jest dwukrotnie większa niż w owocach porzeczki czarnej, ponadto pokrzywa zawiera karoten, czyli prowitaminę A, niezbędną do prawidłowego funkcjonowania błon śluzowych, znaczne ilości potasu, żelaza i wapnia oraz witaminy K i B_2.

Tak więc jak widać niepozorna roślina, którą kojarzy się na ogół raczej z bąblami, może oddać nam duże usługi przy profilaktyce zdrowotnej.

Nie namawiam tutaj bynajmniej do stałego pamiętania o wszystkich zaleceniach. Ważne jest to, żeby od czasu do czasu stosować te rzeczy, o których będzie się pamiętało. Popić nalewkę z dziurawca, dodawać przyprawy ziołowe do potraw, używać ziół jako herbatek, podjeść trochę dolomitu czy Lewitanu. Ten ostatni to naturalny preparat z drożdży (może być Drovit), który szczególnie jest zalecany przy brakach witamin z grupy B. Jeśli często się denerwujemy, mamy skłonności do nerwobóli, „korzonków", to należy stosować go 2–3 razy dziennie po 4 do 7 tabletek (także zapobiegawczo).

Czerwiec

Nareszcie zaczyna się okres, w którym możemy zacząć jeść rozmaite, świeże zieleniny. W tym miesiącu pojawiają się też jedne z naszych ulubionych owoców – truskawki. Niektóre osoby są, niestety, na nie uczulone i mają pokrzywkę alergiczną. Jeśli komuś się pojawi wysypka a nie jest uczulony, to można wnioskować, że owoce były bardzo mocno pryskane środkami ochrony roślin. W związku z tym uważajmy, od kogo kupujemy owoce. Truskawki jak i poziomki są owocami bardzo zdrowymi. Zawierają bardzo mało cukrów stąd bez obaw mogą je jadać nawet osoby chorujące na cukrzycę. Truskawki zawierają bardzo mało kalorii i nawet jedząc ich dużo nie utyjemy (pod warunkiem, że nie będziemy polewać owoców śmietaną i posypywać cukrem, bo to tuczy i to jak!). Truskawki zawierają dużo witaminy C (ustępują tylko czarnym porzeczkom i dzikiej róży), żelazo, fosfor, wapń, magnez, potas. Ze względu na swój skład chemiczny działają na organizm oczyszczająco, odkwaszają, wzmacniają i poprawiają skład krwi. Truskawki stosuje się w kamicy żółciowej i moczowej, przy schorzeniach przewodów moczowych, przy ogólnym osłabieniu, w zaburzeniach przemiany materii.

Aby cenne składniki się nie zmarnowały należy: płukać owoce pod bieżącą wodą i odszypułkowywać dopiero wtedy, gdy mamy zamiar je zjeść, w przeciwnym razie witamina C nam się utleni.

Najlepiej truskawki mrozić. Przy sporządzaniu kompotów z truskawek starajmy się wrzucać owoce kolejno do wrzątku, tak by nie przerywać gotowania. Na marginesie – gdy z mrożonych owoców będziemy przygotowywać koktajle, to należy pamiętać o zalaniu zamrożonych owoców kwaśnym mlekiem, kefirem lub jogurtem z dodatkiem cukru i czekać, aż się rozmrożą. Nigdy nie rozmrażajmy zostawiając owoce w torebce lub trzymając je w wodzie, bo tracimy witaminy.

I jeszcze jedna uwaga. Bardzo starannie przebierajmy owoce (nie tylko truskawki, ale wszystkie jagodowe), gdy tylko zauważymy, że są spleśniałe, natychmiast je wyrzućmy. To samo dotyczy jakichkolwiek spleśniałych produktów spożywczych. Zawierają one aflatoksynę, jedną z najsilniej działających na organizm substancji powodujących nowotwory. Aflatoksyna jest całkowicie odporna na obróbkę cieplną i ani gotowanie ani smażenie jej nie niszczy. Mrożenie też nie. Mało tego, jeśli na przykład spleśniałym chlebem lub paszą nakarmimy zwierzęta to aflatoksyna znajdzie się w mięsie. Najczęściej skażone pleśniami są: żółte sery, orzeszki ziemne, kukurydza, zboża, owoce.

Dlatego najlepiej kupować **chleb na zakwasie,** ponieważ bakterie kwasu mlekowego nie dopuszczają do rozwoju pleśni. Jeśli kupujemy orzeszki arachidowe to w łupinach, żeby można się było zorientować po wyglądzie czy są spleśniałe czy nie. Po wypolerowanych orzeszkach w puszce nie można tego poznać, a toksyna może być wewnątrz. Sery żółte kupujmy tylko dojrzałe, czyli o konsystencji elastycznej, jednolicie zabarwione, o miłym zapachu. Jeśli ser jest mazisty, pod folią lub skórką ma białe plamy, absolutnie go nie kupujmy.

Podkreślam, w pewnej mierze ochrania nas kwas mlekowy, a więc jak najwięcej starajmy się jeść kwaśnego mleka, jogurtu i kefiru naturalnego, kiszonej kapusty i ogórków. Gotujmy często kapuśniaki, żurki i zupy ogórkowe.

Obok truskawek pierwszymi dostępnymi owocami są **czereśnie**. Ich najważniejszą właściwością prawie całkiem nieznaną jest zdolność do czyszczenia krwi z wszelkich toksyn i poprawa jej składu. Dlatego w sezonie czereśniowym jedzmy jak najwięcej tych owoców, przy czym pierwszą porcję 15–20 dkg na czczo.

Lipiec

Coraz więcej mamy do dyspozycji warzyw i owoców. Stopniowo można z nich robić przetwory, a na co dzień jeść jak najwięcej, bo to samo zdrowie. W **warzywach i owocach** jest zawarte całe bogactwo witamin i związków mineralnych, które między innymi utrzymują równowagę kwasowo-zasadową w organizmie. U nas najczęściej zdarzają się stany nadmiernego zakwaszenia organizmu spowodowane nieprawidłowym żywieniem. Objawy zakwaszenia organizmu to: uczucie stałego zmęczenia, nawet rano, bóle głowy, apatia, ziemista cera, ze zmianami skórnymi i zmarszczkami, zaparcia i zaburzenia przemiany materii. Stwierdzono, że przewlekłe zakwaszenie organizmu sprzyja takim chorobom jak: wypryski i czyraki skórne, kamica moczowa, cukrzyca, nadciśnienie.

Niestety, wiedza o żywieniu jest u nas niewielka, toteż wiele osób łyka tabletki w złudnej nadziei, że dodadzą wigoru, podczas, gdy znacznie bardziej skuteczną metodą jest zmiana sposobu odżywiania. Działanie zakwaszające na organizm mają takie produkty jak: chleb, makarony, kasze, płatki zbożowe, mięso i ryby, jaja, słodycze, sery. Odkwaszają natomiast warzywa i owoce oraz fermentowane napoje mleczne.

Teraz chyba staje się zrozumiałe dlaczego powszechną dolegliwością są stany mniej lub bardziej zaawansowanej kwasicy. Klasyczne śniadanie to przecież chleb z masłem i wędliną, chleb z masłem roślinnym i szynką, chleb z masłem i serem żółtym lub topionym, chleb z pasztetem, pasztetową lub wątrobianką, są też tacy co lubią chleb z jajecznicą. Obiad znowu: zupa na kościach (nie mówię o niedzieli, bo przecież rosół i ciasto są obowiązkowe), ziemniaki i mięso w dowolnej postaci, z wyjątkiem piątku, gdy w ramach postu jemy rybę lub pierogi. Kolacja to samo – może chleb z wędliną, może parówki lub kiełbasa na gorąco, może jaja na miękko. Surówka do obiadu to najczęściej jakiś ogórek kiszony lub konserwowy, w sezonie sałata i mizeria lub kapusta kiszona z marchwią. Sałatki, poza imprezami rodzinnymi, na co dzień w zasadzie nie istnieją w jadłospisach. Chleb z masłem i pomidorem, z sałatą, ogórkiem świeżym lub kiszonym, szczypiorkiem, rzodkiewką, twarogi z rzodkiewką, cebulą, pietruszką, koperkiem, ogórkiem świeżym, rzeżuchą + chleb nie są uważane za jedzenie. Bo jakże, osoba, która trzy razy dziennie nie zje mięsa, pewnie umrze z głodu, a już na pewno sił do pracy mieć nie będzie. Proszę państwa, jest to jedno wielkie nieporozumienie, któremu obecnie zawdzięczamy pierwsze miejsce w Europie pod względem nadumieralności mężczyzn na choroby układu krążenia, jak również wzrost ilości zachorowań na nowotwory i choroby układu krążenia.

Organizm potrzebuje białka pełnowartościowego w okresie wzrostu, tzn. do lat mniej więcej 21, a w niektórych wypadkach 25. **Całą energię potrzebną nam do pracy czerpiemy z glukozy, cukru znajdującego się we krwi.** Najprościej uzyskać tę energię z węglowodanów, znajdujących się we wszystkich produktach mącznych, ziemniakach, strączkowych suchych lub, jeśli potrzebujemy dużego zastrzyku energii, z tłuszczów. **Natomiast mięso i ryby, które nas bardzo zakwaszają są nam potrzebne w ma-**

łych ilościach. Wystarczy jedno jajko dziennie, żeby zaspokoić nasze zapotrzebowanie na pełnowartościowe białko w normalnych warunkach (tzn. po 25 roku życia i wtedy, gdy nie jesteśmy kobietą w ciąży lub karmiącą).

Dla prawidłowego zrównoważenia kwasów ze 100 gram surowego mięsa lub ryb czy sera potrzeba jest przeciętnie od 250 do 350 gram warzyw i owoców.

Sierpień

Kontynuując temat prawidłowego odżywiania. Bardzo ciężka praca fizyczna, czyli praca drwala, górnika, hutnika, osoby kopiącej rowy, osoby uprawiającej zawodowo jakiś sport, wymaga przede wszystkim jedzenia produktów mącznych i tłuszczów oraz warzyw i owoców w celu dostarczenia witamin i składników mineralnych, dla normalnego funkcjonowania. I podsumowanie: więcej mięsa od ojca–biznesmena powinna zjeść jego dziesięcioletnia córka, a tatusiowi przyda się, znacznie bardziej niż kiełbasa, dowolna surówka z dodatkiem natki pietruszki i kwaśnego mleka.

W prawidłowo zestawionej diecie dla osoby pracującej w biurze i w domu, mięso czy jego przetwory, jaja czy ryby powinny się pojawiać raz dziennie.

Pomijamy jeszcze jedną podstawową sprawę: **wysiłek fizyczny**. Najczęściej przez cały rok mamy go za mało. Niestety, prace domowe jakkolwiek bardzo uciążliwe i potrafiące sprawić, że nogi wchodzą do miejsca, gdzie plecy tracą swą szlachetną nazwę, a kręgosłup pęka z bólu, pod względem wysiłku fizycznego, prawie nic nie dają. Wykonujemy je w pomieszczeniach, gdzie brakuje tlenu, w niewygodnych pozycjach, boli nas wszystko i co? Ano, w nagrodę jemy małe, malutkie, co nieco, najchętniej słodkie i... tyjemy!

Proszę pamiętać, że jedna kromka chleba z masłem poza naszym zapotrzebowaniem energetycznym daje dodatkowo 7 kg wagi więcej w ciągu roku. Najbardziej tyje się od tłuszczu i tłustych słodyczy. A na ogół się nie pamięta o tym, że mięso wieprzowe nawet nasza ulubiona szynka czy schab jest bardzo tłuste? Chleb na ogół smaruje się dość grubo, a bez względu na to czy mamy do czynienia z masłem czy margaryną – ilość kalorii pozostaje duża!

Najmniej kalorii zawierają **warzywa i owoce** (oczywiście owoce podawane bez cukru i śmietanki), a zawarte w nich składniki dodatkowo działają odmładzająco. Dlatego godne polecenia jest gotowanie zup tylko na wywarach warzywnych i dodawanie dopiero na końcu łyżki masła lub oleju. Stosując przyprawy smakowe i odpowiednią ilość jarzyn oraz dodatkowo odrobinę Vegety lub sosu sojowego zyskamy na zdrowiu, a nic nie stracimy na walorach smakowych.

Klasycznymi obecnie domowymi przyprawami są pieprz i sól, zupełnie prawie nie stosuje się innych – kminek, szałwia, bazylia, estragon, tymianek, rozmaryn, majeranek, jałowiec, cząber, które dodane do potraw poprawiają ich smak i przyswajalność składników spożywczych, bez konieczności nadużywania soli. Należy przy tym pamiętać, że ok. 30% soli, którą spożywamy znajduje się w gotowych do spożycia produktach takich jak: pieczywo, przetwory warzywne, wędliny, konserwy i inne.

Ziołem przyprawowym, które może oddać szczególne usługi, przy konieczności utrzymania spożycia soli na niskim poziomie (ważne przy nadciśnieniu, chorobach układu krążenia i przy schorzeniach nerek!) jest **estragon**. Jest to odporna na niewielkie mrozy roślina wieloletnia, o wysokości 60–90 cm (odmiana francuska) lub do 150 cm (odmiana rosyjska, która w naszym klimacie wytwarza nasiona). Rozmnażać można na wiosnę z nasion lub też dzielić kłącza. Jako przyprawa służą liście, które można bądź zamrażać, bądź szybko suszyć w cieniu, w temp. nie wyższej niż 30°C. Zioło to w stanie świeżym i suszonym, można używać do sałatek, zup oraz sosów. Estragon zawiera jod, prowitaminę A oraz wit. C, a także, co jest bardzo ważne, poprawia trawienie i nadaje potrawom smak słony.

Wrzesień

Teraz kilka uwag na temat przygotowywania przetworów na zimę. **Najkorzystniej jest owoce mrozić.** Owoce jagodowe myjemy pod bieżącą wodą i dopiero po lekkim osuszeniu (na sicie lub lnianej ściereczce) przed włożeniem do torebek, w których będą mrożone pozbawiamy gałązek, szypułek i innych części niejadalnych. Owoce takie jak wiśnie, śliwki również pozbawiamy pestek po myciu i obsuszeniu. Robimy to na raty tzn. najpierw jedną partię drylujemy i zamrażamy potem drugą, żeby nie tracić witamin. Jeśli owoce mrozimy z przeznaczeniem na kompoty, to mrozimy je w całości.

Robiąc **kompoty** do słoików najlepiej: przygotować garnek do pasteryzacji z ciepłą wodą, przygotować zalewę z wrzątku, cukru, odrobiny cynamonu, soli i kwasku cytrynowego lub odrobiny mlekowego, wlać zalewę mniej więcej do połowy wysokości słoika i wrzucić umyte owoce, zamknąć słoik i natychmiast postawić do pasteryzacji. Robiąc dżemy należy włożyć do słoiczków całe owoce i zalać je przecierem, potem pasteryzować od 20 do 30 minut (w zależności od wielkości słoika). W ten sposób dżem zostanie dodatkowo wzbogacony w witaminy. Jeśli sporządzamy owoce w soku własnym, to na dno słoika dajmy 2–3 cm warstwę wrzątku z cukrem, odrobiną cynamonu i soli, owoce w ten sposób przygotowane są smaczniejsze.

Pod koniec sierpnia jest dostępna w sprzedaży **aronia**, mająca owoce podobne do jarzębiny tylko czarne. Owoce te ze względu na swój skład chemiczny są pomocne przy leczeniu wielu schorzeń. I tak stosuje się je przede wszystkim przy drobnych krwawieniach i pękających naczyniach krwionośnych, hemoroidach, miażdżycy, bezkwaśności i bezsoczności żołądkowej. Ze względu na właściwość uszczelniania naczyń krwionośnych powinny ją stosować osoby o pękających naczyniach, te, które szybko nabijają sobie siniaki, osoby, które mają skłonność do krwawień z nosa oraz te, które mają żylaki. Ponieważ sama aronia ma smak dość mdły najlepiej dodawać ją do gotowania kompotów w ilości 3–5 baldachów na 1 litr, można też dodawać do dżemów, w ilości 3–4 łyżek stołowych owoców na średni twist. Można ją również mrozić w porcjach jednorazowych i potem dodawać do napojów przygotowywanych w domu.

Jeśli możemy kupić większą ilość owoców aronii, a cierpimy na tego typu dolegliwości, to można pić sok ze świeżych owoców aronii, codziennie przez dwa tygodnie po pół szklanki. Świeży sok ma bowiem najskuteczniejsze działanie lecznicze.

Kapustę i ogórki zazwyczaj kisimy. Do słoików z ogórkami dodajmy dużo chrzanu i czosnku, bowiem te rośliny mają cenne działanie bakteriobójcze.

Jeśli robimy **marynaty**, to zrezygnujmy z octu, a zróbmy zalewę z kwasu mlekowego, który jest o wiele zdrowszy i daje nam dodatkowo ochronę przed nowotworami. Takich marynat możemy jeść ile dusza zapragnie. **Zalewę** przygotowujemy w następujący sposób: do 1 l wrzątku dodać 1 płaską łyżeczkę cukru, po 5 ziaren rozgniecionego ziela angielskiego i pieprzu (można dodać pokrojone korzenie chrzanu, jeśli ktoś lubi), 1 płaską łyżeczkę soli kamiennej, 1/2 lub 1 łyżeczkę kwasu mlekowego (należy wypróbować ostrość marynaty i gdyby wydawała się mało kwaśna dodać więcej kwasu), 1/2 łyżeczki mielonego kminku, 3–4 liście laurowe i 1 łyżkę stołową oleju. Jest to marynata do warzyw. Do owoców przygotowujemy podobnie, ale dać 2 łyżeczki cukru, nie dajemy pieprzu, chrzanu, kminku. Proszę pamiętać, o jak najszybszym zalewaniu rozdrobnionych warzyw i owoców gorącą zalewą i pasteryzowaniu słoików od ciepłej wody.

Październik

Przyszedł miesiąc, w którym każdy stara się przynajmniej raz pojechać na **grzyby**. Do niedawna uważano, że grzyby nie posiadają żadnych w zasadzie właściwości odżywczych – tylko smakowe. Obecnie szczegółowe badania wykazały, że zawierają one wiele cennych mikroelementów, substancji antybiotycznych, a także związków rozkładających cholesterol i wykazujących właściwości przeciwnowotworowe

Wartość odżywcza grzybów jest zbliżona do wielu warzyw, zawierają one dość dużo białka strawnego o wysokiej jakości biologicznej, większej niż zawarte w warzywach (borowiki i pieczarki), są bogate w mikroelementy, tj. żelazo, cynk, miedź (cecha odmianowa), jod, krzem, fluor jak też potas, fosfor, wapń, magnez. Zawierają też wiele witamin B_1, B_2, B_6, kwas foliowy (przeważnie nie występuje w warzywach, a przyspiesza leczenie niedokrwistości), prowitaminę D_2, C (różne grzyby zawierają jej różne ilości 4–14 w borowikach, w warzywach 34).

Badacze twierdzą, że witaminy w grzybach są bardzo trwałe i nie ulegają zniszczeniu podczas obróbki cieplnej.

Grzyby są niskoenergetyczne, co nie jest bez znaczenia dla osób pilnujących wagi. A teraz omówienie najważniejszych właściwości wybranych gatunków grzybów.

Borowik zawiera m.in. substancje przeciwnowotworowe, wszystkie niezbędne dla człowieka aminokwasy; borowik siatkowany – ekstrakt goi rany też leczy nowotwory skóry i odmrożenia, wzmacnia funkcje obronne organizmu i pomaga w dusznicy bolesnej.

Substancje antybiotyczne: kurka i gąska zielona, rydz – sok hamuje rozwój szczepów bakterii chorobotwórczych, **pieczarka** hamuje rozwój bakterii gronkowca złocistego i tyfusu; **lejkówki** (u nas za jadalną uważana jest lejkówka mglista zwana też bedłką mglistą lub gołąbkiem mgławym) posiadają związki skuteczne przeciw prątkom gruźlicy, **twardzioszek przydrożny** – wywiera pozytywny wpływ na tarczycę, wyciągi są skuteczne w zwalczaniu gronkowców, pałeczek okrężnicy i innych, **opieńka** polecana jest jako środek przeczyszczający

Grzyby ze względu na dużą zawartość błonnika czyszczą kiszki szczególnie jelito grube i usprawniają ruch robaczkowy jelit.

Tak więc jak widzimy nawet poczciwa pieczarka ma swoje zalety.

Niestety nie ma róży bez kolców, otóż ze względu na ową zawartość błonnika potrawy z grzybów są na ogół ciężko strawne. Dlatego należy raczej grzyby dusić i gotować niż smażyć. Starać się też nie przechowywać długo potraw z grzybów. Na koniec podaję przepis na lekki i smaczny sos pieczarkowy (zamiast pieczarek mogą być inne grzyby w takiej samej ilości).

102. Sos pieczarkowy

Zastosowanie: zaburzenia mikroflory jelitowej (np. po antybiotykoterapii), nadciśnienie, nowotwory, obniżona odporność na infekcje.

Składniki: 25 dkg pieczarek, łyżka mąki, kminek, przyprawa do zup lub sos sojowy, 1 cebula, przyprawy, ewentualnie kwaśna śmietana.

Wykonanie: na oleju podsmażyć cebulę, podlać zimną wodą i wrzucić pokrojone pieczarki, dusić do miękkości. Mąkę dodać do pół szklanki wody i rozrobić, wlać i zagotować (można w tym momencie dodać śmietanę i natkę pietruszki lub koperku), dodać kminek i trochę masła, dodać pieprz i przyprawę do zup.

Listopad

Zanim się zrobi zimno już w październiku, a także w listopadzie namawiam do zrobienia sobie zapasu **owoców dzikiej róży lub głogu** na te miesiące, w których będzie nam brak świeżych owoców i zielonych warzyw. Zawartość witaminy C w tych owocach jest 10 razy większa niż w owocach czarnej porzeczki i 100 razy większa niż w jabłkach. Jeden – trzy owoce mogą zaspokoić dzienne zapotrzebowanie człowieka na tę witaminę. Ze składników mineralnych owoce szczególnie dużo zawierają żelaza. Napary z owoców zwiększają odporność na choroby zakaźne, zatrucia, zimno i wilgoć. Zespół witamin i środków mineralnych wywiera korzystny wpływ przy miażdżycy, niedokrwistości i wyczerpaniu organizmu.

Aby użytkować owoce róży lub głogu należy albo je mrozić, w ilości wystarczającej na 1 porcję, czyli mniej więcej garść owoców, opłukanych i przeschniętych wkładamy do woreczka i mrozimy. Zamrożone owoce możemy dodawać do gotowania kompotów, aby je wzbogacić w witaminę C, a odwar (wrzątek + owoce, pogotować 5 minut) można używać w charakterze herbatki ziołowej, dodawać do herbaty zamiast cytryny, dodawać do surówek oraz zup takich jak: kapuśniak ze słodkiej kapusty, zupa jarzynowa z kapustą włoską czy brukselką, kapuśniak z kiszonej kapusty, zupa ogórkowa czy barszcz czerwony. Oczywiście dodajemy do gotującej zupy odwar. Ze względu na to, że wit. C rozpuszcza się w wodzie odwar możemy spokojnie stosować, nie musimy drylować owoców. Jeśli wolimy gotowe półprodukty, to do wyparzonego twista wkładamy garść lub dwie owoców (w zależności od wielkości słoika), zalewamy wrzątkiem, zakręcamy słoik i pasteryzujemy wkładając słoiki do ciepłej wody na ok. 20 minut.

Jeszcze uwagi na temat **mrożenia zielenin**. Bardzo wiele pań domu wkłada duży wysiłek w krojenie natki pietruszki czy koperku zupełnie niepotrzebnie. Rozdrobnione zieleniny tracą bardzo na wartości witaminowej, a rozdrabnianie zamrożonych jest o wiele łatwiejsze. Aby przygotować właściwie mrożonkę należy: natkę w całości umyć pod bieżącą chłodną wodą, otrząsnąć z wody, oddzielić listki od łodyg i osobno zamrozić porcjowo listki, a osobno łodygi. Zamrożone łodygi szybko kroimy i dodajemy do wrzątku, gdy mamy zamiar ugotować zupę lub jakieś warzywa duszone, wzbogacamy w ten sposób potrawę w witaminy. Zamrożone listki kruszymy i wrzucamy w ostatniej chwili do zupy (najlepiej do talerza) lub dodajemy do surówek lub sałatek. W ten sposób mrozimy pietruszkę i koperek. Szczypiorek mrozimy w całości. Warto również przygotować **mrożonkę z liści selera** (po 2–3 liście na zupę) mają one bowiem bogactwo witamin i soli mineralnych, mają działanie lecznicze zwłaszcza przy cukrzycy (substancja podobna do insuliny), działają moczopędnie, łagodzą niestrawność i kolkę jelitową. Samego selera również warto używać, zwłaszcza jako dodatku do surówek, gdyż pomaga przy schorzeniach nerek, pęcherza moczowego, chorobach wątroby, zaparciach, zapaleniach skóry i pokrzywce alergicznej.

Sporządzając surówki i sałatki należy pamiętać, że zaczynamy od zalewy z przyprawami: w wypadku surówek od kefiru i jogurtu czy kwaśnego mleka, od oleju, zaprawy z kwasem mlekowym; w wypadku sałatek od majonezu czy oleju z musztardą czy ketchupu. Dopiero potem, do naczynia, w którym znajduje się zaprawa dodajemy kolejno obrane i rozdrobnione warzywa, za każdym razem mieszając tak, by odciąć dostęp tlenu i w ten sposób zminimalizować straty składników odżywczych. Najgorszą z możliwych metod i najczęściej popełnianym błędem jest obieranie i rozdrabnianie warzyw, które potem leżą aż do chwili, gdy je zaczniemy mieszać z dodatkami. Tracimy w ten sposób mnóstwo składników.

Grudzień

Atmosferę tego miesiąca wyznacza oczekiwanie na święta. Wszyscy, dzieci i dorośli myślą o prezentach, spotkaniu z osobami bliskimi, często nie widzianymi przez cały rok.

Do tradycji należą też generalne porządki i oczywiście szaleństwo zakupów żywnościowych i przygotowywania potraw świątecznych. I tu zaczynają się problemy. Zapominamy, że tradycja obfitego świątecznego stołu była uzasadniona tym, że na co dzień jadało się skromnie, mięso pojawiało się z rzadka, podstawą pożywienia były potrawy z kasz, potem ziemniaków, warzywa kiszone. Potrawy te były kraszone tłuszczem również niezbyt obficie, bo jego zapasów musiało starczyć na długo, aż do Wielkanocy.

My na co dzień nawet nie zdajemy sobie sprawy, że nasz stół dla naszych przodków byłby stołem pełnym jedzenia i świątecznym w swej obfitości. A niestety, święta pod tym względem to prawdziwa katastrofa. Przez parę dni tradycyjnego obżarstwa można przytyć nawet 3 kg.

Nie wspominam tu o nieprawdopodobnym obciążeniu układu pokarmowego. Zarówno żołądek jak i trzustka, wątroba i nerki pracują po godzinach. My za żadne pieniądze nie pracowalibyśmy tak ciężko. Nasz organizm natomiast robi, co może, ale w rezultacie tego wysiłku zużywa się i zaczynają się w narządach zmiany chorobowe. Potem, gdy wątroba się zbuntuje, gdy dorobimy się nadkwasoty, nadciśnienia i cukrzycy, wtedy przychodzi moment, gdy musimy uważać co jemy. Można by tego uniknąć, gdybyśmy wcześniej pomyśleli o pewnych środkach zapobiegawczych.

- Po pierwsze: na tydzień przed świętami zaczynamy według przepisu na buteleczce przyjmować **nalewkę dziurawcową** i kontynuujemy to miłe zajęcie do 5 stycznia.

- Po drugie: do tradycyjnych galaret nie podajemy octu tylko specjalną **polewę z kwasu mlekowego** z ziołami (wątroba będzie nam naprawdę bardzo wdzięczna, co znakomicie poprawi nasze szanse na przetrwanie świąt).
- Po trzecie: **barszczyk czerwony** zakwaszamy kwasem mlekowym, sokiem z cytryny lub kwaskiem, a najlepiej wodą z ogórków kiszonych, a broń Boże nie octem (tracimy lecznicze właściwości buraków).
- Po czwarte: jeśli podajemy wódkę to albo zróbmy ją wg podanego niżej przepisu, albo przygotujmy na następny dzień **napar** z 5 łyżek (lub torebek) dziurawca, 1 łyżki mięty (lub 1 torebki), zalać zioła 1 l wrzątku, odstawić na godzinę do naciągnięcia w ciepłe miejsce, posłodzić łyżeczką miodu i pić.

Przepisy:

103. Zalewa do galaret z kwasu mlekowego z ziołami

Zastosowanie: schorzenia wątroby, nadkwaśność, zgaga, zaburzenia mikroflory jelitowej (np. po antybiotykoterapii), nadciśnienie.

Do pół szklanki wrzątku dać 1/2 łyżeczki mielonego kminku, 1/2 łyżeczki majeranku, odrobinę pieprzu, sól, pół szklanki zimnej wody i dodać 1/2 łyżeczki kwasu mlekowego (jest w buteleczkach podobnych do maggi w sklepach spożywczych), jeśli ktoś woli bardziej kwaśną zalewę, może kwasu dodać więcej. Zamiast kwasu mlekowego może być kwasek cytrynowy.

104. Wódka świąteczna

Zastosowanie: schorzenia wątroby, niedostateczne wydzielanie żółci, stany skurczowe żołądka i jelit, zaburzenia trawienne.

Zaparzyć napar z mięty i dziurawca według przepisu powyżej, z tym, że wrzątku dać 0,5 l, czekać aż naciągnie, posłodzić miodem i po odcedzeniu połączyć z ćwiartką spirytusu. Przygotować na dobę przed podaniem. Przy tak podanym alkoholu minimalizujemy jego szkodliwy wpływ na wątrobę.

Po świętach dobrze jest zrobić na następny dzień na rano kwasówkę. Pozwoli ona na regenerację organizmu po ciężkich, świątecznych bojach.

MINERAŁY

Oprócz witamin podawałam, jakie związki mineralne zawarte są w roślinach i w tym rozdziale opowiem małe co nieco o tym, jak wpływają one na nas. Zasadniczo dzielimy związki mineralne na makro- i mikroelementy, są one dla nas niezbędne, nieważne jak mało danego składnika potrzebujemy dla funkcjonowania całości jest tak samo ważny. Składniki mineralne występują we wszystkich tkankach i uczestniczą we wszystkich procesach organicznych. Zacznę omawianie ich roli od magnezu, ma on bowiem bardzo duże znaczenie dla utrzymania zdrowia

Magnez

Jego niedobór wyzwala miażdżycę, białaczki limfatyczne, sprzyja powstawaniu nowotworów. Magnez przeciwdziała zatruciom ołowiem, fluorem, pestycydami i innymi ekotoksynami. Alkohol wypity nawet w niedużych ilościach powoduje wydatne obniżenie zawartości magnezu we krwi, a więc także w sercu i mózgu (zawały), poprzez wzmożone wydalanie z moczem. Przy niedoborach magnezu mogą pojawić się takie dolegliwości jak: zaburzenia nastroju, depresje, bardzo silna pobudliwość nerwowa, bezsenność, stany niepokoju, lęku, zmęczenie, bóle głowy, nagłe zawroty głowy, skurcze, trudności w koncentracji, wrażliwość na warunki bio-meteo, wrażenie ociężałości, głośność, agresja, permanentne poirytowanie, czasem stany psychotyczne.

Duże ilości magnezu mają zielone części roślin (im roślina ciemniejszej barwy tym więcej magnezu), szara sól (kamienna), całe ziarno zbóż (razowe pieczywo i grube kasze), warzywa strączkowe i dyniowate.

Żelazo

Pierwiastek ten jest bardzo trudno wchłaniany, dotyczy to zwłaszcza produktów roślinnych. Do prawidłowego wchłaniania żelaza potrzebne są ślady miedzi. Niedobór utrudnia procesy oddychania, co powoduje, że kobiety w ciąży rodzą dzieci opóźnione w rozwoju lub martwe. Niedobór żelaza powoduje anemię, sprzyja powstawaniu nowotworów. Przyczyny niedoboru: mała aktywność fizyczna, zbyt silny rozkład krwinek przez toksyny, popijanie płynów o temp. powyżej 45 st. C, nadmierne spożywanie cukru, soli, białego pieczywa, dieta uboga w mięso, a bogata w produkty mączne z mąki oczyszczonej, nieumiejętne odchudzanie się.

Przyswajanie żelaza rośnie, gdy w roślinie znajduje się sporo witaminy C. Dużo żelaza zawierają: natki, pokrzywa, owoce głogu i dzikiej róży, buraki, czereśnie, wiśnie, porzeczka czarna, borówka czernica, żurawina, warzywa strączkowe.

Wapń

Jest to pierwiastek, którego potrzebujemy najwięcej ilościowo, aż 99% wapnia w organizmie stanowi budulec kości i zębów, pozostałe 1% utrzymuje normalną akcję serca, reguluje krzepnięcie krwi, działa przeciwzwyrodnieniowo, przeciwnowotworowo, opóźnia zmęczenie mięśni. Jeśli brakuje wapnia w pożywieniu organizm „kradnie" go z kości i zębów, co powoduje ich osłabienie i w efekcie podatność na złamania.

Dużo wapnia mają: jarmuż, natka pietruszki, czosnek, groszek zielony, warzywa kapustne, chrzan.

Fosfor

Jest obok wapnia głównym składnikiem kości i zębów (80% jest tam zmagazynowanego), a oprócz tego jest składnikiem płynów ustrojowych i bierze udział w procesach przemiany materii tworząc połączenia wysokoenergetyczne, reguluje czynności centralnego układu nerwowego.

Głównym problemem jest stosunek wapnia i fosforu, a wzajemną korzystną proporcję wykazują między innymi warzywa kapustne, fosfor występuje w środkach spożywczych obok wapnia, a oprócz kapustnych jego dobrym źródłem są warzywa strączkowe.

Potas i sód

Jest to nierozłączna para coś jak Flip i Flap. Występują we wszystkich organach i tkankach, ich zasadniczą rolą jest kierowanie gospodarką wodną, utrzymanie ciśnienia osmotycznego i równowagi kwasowo-zasadowej. Potas występuje przede wszystkim w komórkach (98%), wzmaga wydalanie wody, przewodzi bodźce nerwowe, powoduje normalne skurcze mięśni.

Sód występuje przede wszystkim w płynach organicznych, powoduje zatrzymywanie wody w organizmie, bierze udział wraz z potasem w przewodzeniu bodźców nerwowych, transporcie składników do komórek.

Źródłem potasu są przede wszystkim produkty roślinne: pszenica, inne zboża, warzywa dyniowate, owoce jagodowe oraz inne, sód występuje przede wszystkim w produktach pochodzenia zwierzęcego i soli.

Siarka

Współdziała z witaminami grupy B przy przemianie materii, pomaga w zwalczaniu infekcji bakteryjnych, wchodzi w skład aminokwasów stanowiących składniki budulcowe, wspomaga prawidłową gospodarkę tlenową, wpływa na zdrowy wygląd skóry, włosów, paznokci, wspomaga wydzielanie żółci.

Źródłem siarki są warzywa strączkowe oraz warzywa kapustne i rzepowate.

Cynk

Jego niedobór powoduje zahamowanie wzrostu, łuszczenie skóry, zanik torebek włosowych, zaburzenia rozwoju mózgu i gruczołów płciowych, epilepsję lub schizofrenię. Jest niezbędny dla odbudowy i regeneracji uszkodzonych tkanek. Najwięcej znajduje się go w gruczole krokowym, nerkach, wątrobie, mięśniach i skórze. Szczególnie wysokie zapotrzebowanie na ten pierwiastek występuje u mężczyzn i to w każdym wieku, od życia płodowego włącznie. Cynk jest też składnikiem strukturalnym insuliny, ponadto podnosi poziom czynnych hormonów i limfocytów we krwi i osiągają one wartości takie jak w młodym wieku.

Cynk znajduje się w grzybach jadalnych, zawierają go też drożdże, nasiona dyni i słonecznika, kiełki pszenne, żyto, jęczmień, owies, warzywa strączkowe, burak, kapusta, rzodkiewka, rzodkiew, cebula, czosnek, pomidor, brzoskwinie, maliny, agrest, pomarańcze.

Krzem

Pomaga przy leczeniu chronicznego zapalenia stawów, hamuje tworzenie się piasku w nerkach, wzmacnia włosy i zapobiega łysieniu, działa uspokajająco na nasze nerwy, razem z witaminą PP wzmacnia ściany naczyń włosowatych i je uelastycznia, zapobiega powstawaniu zmarszczek i nadaje cerze jędrność, opóźnia efekty starzenia. Podawaniem krzemionki leczono rozmaite egzemy, trądzik różowaty, różne zaburzenia skórne, odleżyny, zastarzałe rany, zapalenie dziąseł i parodontozę. Krzem zawarty jest zarówno w ziołach jak i innych roślinach, problem w tym, że tylko jego uwodniona postać jest przez nas przyswajalna, a to oznacza gotowanie w wodzie co najmniej pół godziny, czyli jeśli nie jemy zupek, to nie mamy krzemu.

Zawierają go zioła takie jak: skrzyp, perz, pokrzywa, podbiał, występuje w kaszach i chlebie z pełnego przemiału i produktach bogatych w błonnik, najwięcej jest go w jęczmieniu, pszenicy, gryce i życie.

Jod

Jego niedobór powoduje zaburzenia tarczycy, wole, kretynizm, osłabienie siły obronnej organizmu oraz wzmożenie pobudliwości nerwowej objawiającej się bezsennością i ciągłym niepokojem. Jod sprzyja spalaniu tkankowemu (zapobiega otyłości) i usprawnia myślenie. Jod pomaga przy przewlekłych zatruciach rtęcią i ołowiem. Jod wchodzi w skład hormonów tarczycy.

Źródła: rzeżucha, rzepa, rzodkiewka, rzodkiew, marchew, pomidory, ziemniaki, zboża, kapusta, grzyby, fasola, banany, truskawki, szparagi, szpinak, ogórki, buraki.

Selen

Braki tego pierwiastka powodują podatność na nowotwory, selen unieczynnia aflatoksyny, powoduje zwiększone wytwarzanie ciał odpornościowych, ochrania przed chorobami serca.

Najlepszym źródłem są orzechy brazylijskie, a potem kukurydza, całe ziarna zbóż, drożdże, pomidory, grzyby, czosnek, kiełki pszenicy. Wytrącają go z organizmu cukier, słodziki, miód – czyli jeśli zajadamy się słodyczami od rana do wieczora, to nie będziemy mieć w organizmie wystarczająco dużo selenu.

Miedź

Przede wszystkim bierze udział w tworzeniu się czerwonych krwinek, wspomaga przemiany witamin A, C, P, PP, wpływa na przyswajanie węglowodanów przez tkanki. Przy niedoborach miedzi następują niekorzystne zmiany w centralnym układzie nerwowym i obniżenie odporności.

Sporo miedzi zawierają ziarna zbóż, warzywa strączkowe, ziemniaki, buraki, marchew, pietruszka, porzeczka czarna, agrest, truskawki.

Kobalt

Podobnie jak miedź stymuluje proces krwiotwórczy, sprzyja też wchłanianiu żelaza, ułatwia przyswajanie wapnia, fosforu i jodu. Sprzyja gromadzeniu przez organizm witamin A, C i K, stanowi składnik witaminy B_{12}.

Kobalt zawierają buraki, gryka, warzywa strączkowe, jęczmień, owies, pszenica, kapusta, maliny, porzeczki, śliwki, gruszki, agrest.

Mangan

Przeciwdziała otłuszczeniu wątroby, pozytywnie wpływa na przyswajanie wapnia oraz witamin A, D, E, K, C, PP i B_1, wzmaga przemianę białek. Przy niedoborze ulega zakłóceniu przemiana materii w mózgu i następuje niezborność ruchów.

Zawierają go buraki, cebula, pszenica, żyto, szczaw, orzechy, zielone warzywa.

Molibden

Jest ściśle powiązany z przemianami witaminy E i C oraz B_{12}, wchodzi w skład licznych enzymów, stymuluje procesy wzrostu oraz wzmacnia odporność. Jest zawarty w warzywach dyniowatych, fasoli i innych strączkowych, pełnych ziarnach zbóż oraz owocach.

Liczba składników mineralnych jest znacznie większa niż te przeze mnie omówione, ale nawet ten skrótowy przegląd (gdyż naprawdę o składnikach mineralnych można powiedzieć dużo, dużo więcej) pokazuje, że nie ma składnika nieprzydatnego ani też najważniejszego, że wszystkie są ważne. Nawet, gdy zapotrzebowanie na jakiś składnik jest wręcz minimalne, to jego rola w prawidłowym funkcjonowaniu organizmu jest ogromna. Stąd wynika znaczenie jak największej różnorodności produktów na naszym stole, a właściwie już na talerzu, tak by organizm mógł dobrać sobie odpowiednie składniki.

WITAMINY

W tym rozdziale omówię niektóre witaminy i ważniejsze związki witaminopodobne. Przy prezentacji poszczególnych roślin wymieniałam, jakie witaminy są w nich zawarte, dobrze jest wiedzieć przy okazji, dlaczego są one tak dla nas istotne. Pomijam tu szczegóły w rodzaju drobiazgowego omówienia budowy poszczególnych związków. Osoba dręczona niepowstrzymaną ciekawością może dotrzeć do specjalistycznych książek i rozkoszować się niczym nie zmąconą przyjemnością śledzenia przykładowego tekstu typu:

„...jest to liczna grupa związków o charakterze wielofenolowych barwników, których szkielet podstawowy składa się z 15 atomów węgla tworzących dwa pierścienie benzenowe połączone trójwęglowym łańcuchem..."

Życzę wielu miłych chwil spędzonych na tej rozrywce intelektualnej.

Osoby o innych zainteresowaniach zapraszam do lektury poniższego tekstu ukazującego najważniejsze – z punktu widzenia konsumenta – właściwości poszczególnych witamin. Zaczynam omówienie od prezentacji witaminy C.

Witamina C

Należy do grupy witamin rozpuszczalnych w wodzie i do tego jest wyjątkowo wrażliwa, rozkłada się nieomalże od nieżyczliwego spojrzenia, przy niewłaściwej obróbce wstępnej możemy praktycznie w ogóle ją zniszczyć. Zapotrzebowanie na nią jest tym wyższe im większe zanieczyszczenie środowiska, zwłaszcza metalami ciężkimi. Witamina ta jest „paliwem" dla wątroby, pomaga w utrzymaniu prawidłowego poziomu cholesterolu w organizmie, stymuluje procesy wzrostu, bierze aktywny udział w syntezie kolagenu, razem z kwasem foliowym wpływa na przyswajanie żelaza przez organizm, osłania nas przed nowotworami, podnosi odporność na infekcje i zakażenia wirusowe i bakteryjne oraz poprawia krzepliwość krwi, sprzyja regeneracji tkanek, osłabia uboczne działanie toksyczne leków, jest dobrą odtrutką na związki rtęci i ołowiu, współdziała w unieszkodliwianiu toksyn wewnątrzustrojowych.

Występuje nie tylko w roślinach, duże jej ilości są w owocach dzikiej róży, czarnej porzeczki, liściach maliny, natce pietruszki, w jarmużu, liściach nasturcji, papryce, natce koperku, szczypiorku, warzywach kapustnych, owocach jagodowych.

Witamina B_1

Również jak witamina C należy do grupy witamin rozpuszczalnych w wodzie i jest na drugim miejscu, jeśli chodzi o szybkość rozkładu. Jest ona najważniejszą z witamin biorących udział w przemianie węglowodanów, wpływa też na przemianę białek i aminokwasów. Niedobory tej witaminy prowadzą do zmian i porażenia centralnego układu nerwowego, do obniżenia odporności na choroby infekcyjne, do zahamowania budowy struktur białkowych w organizmie i do zaburzeń wchłaniania w jelitach. Przede wszystkim jednak przy niedoborach tej witaminy mamy objawy takie jak: ciągłe zmęczenie, depresje, zapominanie, niezdolność do koncentracji myśli, często występują też zaburzenia jelitowe (biegunki). Jedzenie dużej ilości słodyczy, białej mąki i ciast powoduje wzrost zapotrzebowania na tę witaminę. Wypłukują ją z organizmu lub niszczą: alkohol, czarna kawa, antybiotyki, jest też wrażliwa na podniesioną temperaturę. Zapotrzebowanie na nią rośnie też przy stresach – na witaminę B_1 inaczej mówi się – witamina dobrego nastroju.

Duże jej ilości zawierają: drożdże, kiełki pszenicy, pełne ziarno zbóż (pieczywo razowe, grube kasze, a zwłaszcza pieczywo żytnie i kasza jaglana), warzywa strączkowe, kalafior, brokuł, kapusta, orzechy.

Witamina B_2

Podobnie jak B_1 ma wpływ na wszystkie typy przemian w ludzkim organizmie, a odgrywa szczególną rolę w procesach redukcyjno-oksydacyjnych oraz w funkcjonowaniu wzroku (między innymi zapobiega powstawaniu zaćmy). W połączeniu z białkami i kwasem fosforowym, w obecności magnezu i innych biopierwiastków tworzy enzymy konieczne do transportu tlenu i przemiany cukrowców (obniża się poziom glikogenu i glukozy we krwi, gdy witaminy tej jest mało). Ponadto B_2 przedłuża życie krwinek i razem z B_9 odgrywa ważną rolę w produkcji krwinek w szpiku kostnym, pomaga w utrzymaniu poziomu żelaza. Niedobór jej w organizmie jest przede wszystkim niebezpieczny dla dzieci, prowadzi bowiem do zakłócenia syntezy i przyswajania aminokwasów, co daje spowolnienie tworzenia się nowych struktur białkowych, widoczne jako zahamowanie wzrostu u dzieci. Witamina ta pozytywnie wpływa na działanie centralnego układu nerwowego. Razem z witaminą B_1 wpływa na przyswajanie i syntezę tłuszczu w organizmie – ważne dla odchudzających się, oraz na odporność na infekcje. Ponieważ podobnie jak witamina C oraz inne witaminy rozpuszczalne w wodzie nie jest gromadzona „na zapas" należy dbać o jej regularne dostawy.

Duże jej ilości zawierają: pełne ziarno zbóż, rośliny strączkowe, natki, szpinak, ziemniaki, kapusta.

Witamina B_3

Wpływa na przemianę tłuszczów i węglowodanów. Jej niedobory są przyczyną rozmaitych zaburzeń w układzie nerwowym (występpują objawy zapalenia nerwów, podobne objawy jak w chorobie Altzheimera, paraliż) oraz wczesnego siwienia włosów, bólów głowy, zaniku pamięci, bezsenności, biegunek. B_3 jest niezbędna do budowy hormonów płciowych oraz insuliny, tyroksyny i kortyzonu, pomaga w usuwaniu złogów cholesterolu, usuwa toksyczne produkty przemiany materii, jest częściowo syntetyzowana przez mikroflorę jelit.

Duże jej ilości zawierają: produkty zbożowe z pełnego przemiału, groch i bób, warzywa cebulowe, warzywa kapustne.

Witamina B_6

Witamina ta bierze udział w procesach syntezy i rozpadu aminokwasów, bierze też udział (wraz z innymi koleżankami) w przemianie tłuszczów, regulując przyswajanie nienasyconych kwasów tłuszczowych, ma również wpływ na procesy przemian zachodzących w mózgu. Jest koniecznie potrzebna dla wchłaniania magnezu, witaminy B_{12}, do produkcji kwasu solnego, do prawidłowego funkcjonowania układu odpornościowego i produkcji czerwonych ciałek krwi. Zapobiega też zmianom skórnym i łojotokowi. Jest częściowo syntetyzowana przez bakterie jelitowe.

Duże jej ilości zawierają: kiełki pszenne, owies, kukurydza, jęczmień, bób, soja, groch, ziemniaki, kapusta, marchew, orzechy.

Witamina B_9

Jest to inaczej mówiąc kwas foliowy. Stymuluje tworzenie krwi, zwiększa odporność na substancje toksyczne, poprawia witalność, zapobiega wadom wrodzonym, a współdziałając z witaminą B_{12} przeciwdziała stłuszczeniu wątroby. Pomaga zwalczać niedokrwistość. Odgrywa dużą rolę w syntezie kwasów DNA i RNA oraz bierze udział w metabolizmie białek.

Duże ilości kwasu foliowego mają warzywa zielonolistne, marchew, dynia, bób, kapusta.

Witamina H

Biotyna, bo tak brzmi nazwa tej witaminy wchodzi w skład licznych enzymów oraz bierze udział prawie we wszystkich przemianach biochemicznych, utrzymuje zdrową skórę – leczy wypryski, zapobiega depresji i łysieniu, jest konieczna do syntezy witaminy C. Częściowo jest wytwarzana przez nasze bakterie jelitowe, ale większość dostarczamy z jedzeniem.

Spore jej ilości mają pomidory, warzywa strączkowe, warzywa kapustne, zboża, warzywa cebulowe, dynia.

Witamina P

Jest mieszaniną rozmaitych związków między innymi flawonoidów. Występuje tylko w produktach roślinnych, towarzyszy zazwyczaj witaminie C i przede wszystkim zmniejsza przepuszczalność włosowatych naczyń krwionośnych likwidując krwawe wylewy podskórne. Ponadto reguluje działanie tarczycy, obniża poziom cholesterolu we krwi, reguluje ciśnienie krwi.

Teraz kilka słów o tym, co robią dla nas **flawonoidy**. Mają one następujące właściwości lecznicze:

- uszczelniają i wzmacniają ściany naczyń włosowatych, zwiększają ich elastyczność, zmniejszają kruchość, zapobiegają wybroczynom, krwawieniom, powstawaniu żylaków;
- działają moczopędnie, niektóre zwiększają przepływ krwi w naczyniach wieńcowych oraz zmniejszają ciśnienie krwi, działają rozkurczowo na mięśnie gładkie przewodów żółciowych i układu pokarmowego, zapobiegają zlepianiu się krwinek

czerwonych. Należą do antyoksydantów, czyli chronią przed wolnymi rodnikami powodującymi stany zapalne, przyspieszenie procesów miażdżycowych czy zmiany nowotworowe.

Z metalami ciężkimi tworzą kompleksy w ten sposób działając odtruwająco.

Uaktywniają enzymy rozkładające związki działające rakotwórczo, działają przeciwzapalnie.

W skład flawonoidów wchodzą antocyjany – barwniki roślinne (czerwone, niebieskie, fioletowe), normalizują przepuszczalność naczyń włosowatych, działają przeciwzapalnie, polepszają ukrwienie w obrębie tęczówki oka (lepsza ostrość widzenia), a dużo ich mają takie rośliny jak porzeczka, wiśnia, malwa, borówka czernica, buraki, kapusta czerwona.

Natomiast najlepszym źródłem witaminy P jest herbata, biała, podskórna warstwa zwana albedo w owocach cytrusowych, ponadto owoce róży, warzywa kapustne, natki, szpinak no i oczywiście rośliny zawierające antocyjany.

Witamina PP

Pomaga w utrzymaniu zdrowej skóry, normalizuje pracę żołądka i trzustki, uczestniczy w syntezie cholesterolu i bierze udział w gospodarce tłuszczowej ustroju, jest konieczna do wytwarzania hormonów płciowych, dla prawidłowej pracy nadnerczy jak również do prawidłowego funkcjonowania mózgu. Duże jej ilości zawierają: kasza gryczana, warzywa strączkowe, warzywa kapustne i rzepowate, papryka, ziemniaki, pomidory.

Jeszcze raz podkreślam, że witamin rozpuszczalnych w wodzie nie przedawkujemy, bo zostaną usunięte z moczem w czasie od dwóch do ośmiu godzin. Ponadto w połączeniach naturalnych witaminy te występują we właściwych proporcjach i w zestawach witaminowo-mineralnych, które wzajemnie stymulują swe działanie i poprawiają przyswajalność, stąd jedzenie bogatych źródeł tych witamin jest dla nas jak najbardziej wskazane.

Teraz kilka słów na temat witamin, które są rozpuszczalne w tłuszczach. Te możemy przedawkować, są one gromadzone w organizmie. Takie niebezpieczeństwo istnieje zwłaszcza, gdy dodatkowo zaczynamy łykać rozmaite kapsułki.

Witamina A (prowitamina A)

Jest ona w 95% magazynowana w wątrobie, jako witamina występuje tylko w produktach pochodzenia zwierzęcego, w roślinach występują karoteny czy karotenoidy, które są przez nas wykorzystywane do wytwarzania witaminy A.

Witamina ta odpowiada za stan błon śluzowych i komórek nabłonka, zdolność widzenia (przy niedoborach niedowidzenie po zmierzchu, tzw. „kurza ślepota"). Oprócz tego bierze udział we wszystkich procesach przemiany materii, jest niezbędna dla wzrostu i rozwoju młodych organizmów. Objawami niedoboru tej witaminy są, oprócz kłopotów ze wzrokiem, suchość i łuszczenie się skóry, wypadanie włosów, tworzenie ropni, zmniejszenie odporności na nowotwory, zaburzenia w układzie oddechowym i pokarmowym.

Prowitamina A (karoten): marchew, jarmuż, dynia, szczypior cebula, pomidory, papryka, dzika róża, morele, brzoskwinie, natki, szpinak, sałata, zielony groszek, fasolka szparagowa.

Witamina D

Najważniejszą rolą tej witaminy jest regulacja przemiany wapniowo-fosforowej, dlatego przy jej niedoborze mamy u dzieci krzywicę, a u dorosłych rozmiękczenie kości i zębów. Ponadto witamina

D wpływa na procesy krwiotwórcze, funkcje układu nerwowego, niektóre gruczoły wydzielania wewnętrznego. Jest wytwarzana w skórze pod wpływem promieniowania ultrafioletowego z ergosterolu – D_2, a z dehydrocholesterolu wytwarzamy D_3, oczywiście, jeśli nie mamy nieba zadymionego tak jak w okręgach uprzemysłowionych i wielkich miastach.

Z produktów roślinnych tylko w grzybach: kurkach, pieczarkach, borowikach i innych grzybach jadalnych znajdziemy tę witaminę, dlatego warto zacząć doceniać grzybki.

Witamina E

Ma ona wpływ na wszystkie typy przemian biochemicznych, jest niezbędna dla procesu reprodukcji – jej niedobór zaburza pracę jajników, wydzielanie spermatozoidów i rozwój płodu. Oprócz tego witamina ta przyczynia się do normalnego funkcjonowania tkanki mięśniowej i zachowania jej struktury, zapobiega uszkodzeniom naczyń krwionośnych oraz spełnia funkcję przeciwutleniacza, czyli chroni organizm przed działaniem wolnych rodników mogących sprzyjać wystąpieniu nowotworów i niszczących błony komórkowe.

Witamina ta jest ponadto jednym z czynników hamujących procesy starzenia się (stąd nazwa „witamina młodości"), działa przeciwmiażdżycowo, rozpuszcza skrzepy, jest pomocna przy dolegliwościach związanych z menopauzą i nieprawidłowym krążeniem krwi (chromanie przestankowe, zimne stopy, bolesne kurcze nóg). Nie jest jednolitą substancją chemiczną tylko mieszaniną związków zwanych tokoferolami, przy czym najbardziej czynny jest tokoferol zawarty w świeżych, zielonych częściach roślin, czyli w jarmużu, natce pietruszki, koperku, w szczypiorku, zawierają go liście pokrzywy, liście marchewki, selera, nasturcji, sałaty, brokułów, szpinaku, kapusty, a ponadto tokoferole są w takich produktach jak orzechy, pełne ziarno zbóż, kiełki pszenicy, groch, bób. Jako jedyna z witamin rozpuszczalnych w tłuszczach witamina E ma bardzo szybki cykl przemian biochemicznych, dlatego raczej jej nie przedawkujemy.

Witamina K

Nazywana jest popularnie „przeciwkrwotoczną", ponieważ zwiększa krzepliwość krwi. Oprócz tego witamina ta przyspiesza regenerację tkanek, wzmacnia ściany naczyń włosowatych, wzmaga kurczliwość mięśni, reguluje pasaż jelitowy i funkcje wydzielnicze jelit. Bakterie bytujące w jelicie grubym wytwarzają także tę witaminę w niewielkich ilościach, a dodatkowo zawierają ją: zielone części roślin, szpinak, dynia, kapusta, pomidory, marchew, ziemniaki, truskawki, pszenica, kukurydza.

Koniecznie należy pamiętać, że witaminy rozpuszczalne w tłuszczach są gromadzone w organizmie nawet na okres jednego roku i trzeba uważać, by ich nie przedawkować, zwłaszcza A, bo niszczy wątrobę. Dotyczy to osób lubiących łykać tabletki, bo z połączeń naturalnych raczej trudno cokolwiek przedawkować.

Witaminy te najlepiej są przyswajalne z pożywieniem zawierającym tłuszcz, a karoten jest lepiej przyswajalny po ugotowaniu, czyli jak już idziemy na łatwiznę i zamiast duszonej marchewki pijemy sok z marchwi (zawierający karoten, czyli prowitaminę A), to zjedzmy trochę chleba z masłem, bo inaczej będziemy mieć pomarańczową skórę, gdyż karoten rozpuści się w tkance tłuszczowej skóry, a inny pożytek z tego będzie niewielki. Temat witaminy a my, to prawdę mówiąc temat na osobną książkę, ale po tym skrócie o ich działaniu mamy pojęcie jak wiele od nich zależy.

ZAKOŃCZENIE – czyli co nam szkodzi i dlaczego?

Zawsze należy pamiętać, że rośliny są istotami żywymi i podczas ich przechowywania cały czas zachodzą zmiany nie zawsze dla nas korzystne. Na przykład jeśli roślina była przenawożona azotem to w miarę przechowywania, nawet w lodówce ilość azotanów i azotynów rośnie, czasami przekraczając wielokrotnie dawki dopuszczalne.

Niestety, rosnące zanieczyszczenie zarówno naszego otoczenia jak i żywności sprawia, że na niektóre składniki żywności zapotrzebowanie rośnie i to czasem nawet o sto i więcej procent. Zagadnienie to nie jest specjalnie znane. Sądzi się na ogół, że pewne ograniczenia dietetyczne i spożywanie dużej ilości warzyw i owoców wystarcza, by być zdrowym.

Niestety, chemizacja rolnictwa, rosnące zanieczyszczenie środowiska oraz dodawanie konserwantów, barwników oraz substancji dodatkowych do żywności powoduje, że jedząc warzywa i owoce niekoniecznie wprowadzamy do organizmu to, co chcemy.

Bardzo często są to składniki, które szczególnie źle działają na wątrobę (organ ten odpowiada za odtruwanie organizmu), a także mogą mieć działanie sprzyjające powstawaniu nowotworów. Szczególnie negatywny wpływ ma to na dzieci, są one bowiem szczególnie nieodporne na działanie czynników szkodliwych (wiąże się to między innymi z mniejszą masą ciała i tym samym z większą kumulacją czynników szkodliwych oraz z większą wrażliwością dzieci na ekotoksyny).

Oczywiście nie za wszystko jest odpowiedzialna cywilizacja, sami dosyć dobrze potrafimy uprzykrzyć sobie życie. Bardzo często zapominamy, że o ile nasze organizmy i sposoby reagowania nie zmieniły się od czasów kamienia łupanego, to warunki skomplikowały się wybitnie. W związku z powyższym bardzo częstym doznaniem sporej części populacji stał się **stres** i to przewlekły. Nasze organizmy i to zarówno dorosłych jak i dzieci, są na niego narażone – najczęściej sięgając do wspomnień, nie pamiętamy jak mocno przeżywaliśmy rozmaite emocje i jak bardzo przejmowaliśmy się rozmaitymi wydarzeniami, gdy byliśmy dziećmi. Proszę chociaż przypomnieć sobie zdenerwowanie przed sprawdzianem czy pójściem do przedszkola, czy szkoły, gdy z jakiejś przyczyny nam dokuczano. Proszę wierzyć – dzieciństwo wcale nie jest takim sielskim okresem w życiu człowieka, jak się je przedstawia. Niemniej wróćmy do stresu. Eustres, czyli stres pozytywny działa na nas pobudzająco, stres nieprzyjemny, o ile możemy go odreagować fizycznie jak najszybciej – jest to podstawowy warunek, też nie szkodzi. Znacznie gorzej jest, gdy działanie stresu się przeciąga, a my z tych czy innych przyczyn nie radzimy sobie z nim. Mamy wówczas stres przewlekły, odpowiedzialny za szereg niekorzystnych zmian organicznych, obniża on odporność na działanie szkodliwych substancji oraz sprzyja rozwojowi szeregu chorób cywilizacyjnych. Ponadto zwiększa zapotrzebowanie na niektóre składniki i witaminy, a w dobie mikrofalówek i fast-foodów nie jest łatwo dostarczyć odpowiednich ich ilości.

Kolejnym problemem jest ogólnie nieprawidłowy model żywienia znacznej liczby osób dorosłych i niestety, dzieci (nawet tam gdzie rodzice orientują się w zasadach prawidłowego żywienia), w której to diecie stwierdza się nadmierną ilość cukru i tłuszczów w stosunku do zalecanych norm (tu kłaniają się batoniki, chrupki, słodycze, chipsy, frytki, hot dogi i hamburgery). Należy przy tym pamiętać o niemiłym fakcie potęgowania negatywnych skutków zdrowotnych nieprawidłowego żywienia w warunkach zanieczyszczonego środowiska.

Żywienie dzieci jest szczególnie istotne, jeżeli uświadomimy sobie, że uszkodzenia tkanki mózgowej nie można cofnąć. Dziecko, którego mózg został uszkodzony na skutek działania toksyn, jako człowiek dorosły będzie miał trudności zarówno ze swoim funkcjonowaniem w coraz bardziej skomplikowanym świecie jak i z panowaniem nad emocjami (niekontrolowana agresja) oraz nawiązaniem prawidłowych stosunków międzyludzkich.

O ile złość małego dziecka jest stosunkowo łatwa do opanowania, to agresja dwunasto- czy szesnastolatka może skończyć się tragicznie. Bardzo często, niestety, w mediach mamy obecnie do czynienia z relacjami o młodocianych zabójcach, którzy nawet nie zdają sobie do końca sprawy, co właściwie zrobili, przypomnę makabreski o koleżankach zabijających inną dziewczynkę – bo jej nie lubią, chłopcach katujących na śmierć bezdomnego, dziewczyny, która chce mieszkać w kawalerce staruszki, więc wynajmuje kogoś, by zabił starszą panią, przykładów zresztą jest więcej i nie o powielanie makabry tu chodzi.

Najważniejszą rolę w wychowaniu dzieci odgrywa rodzina, ale nie można zapominać o tym, że wg badań bardzo wysoki procent osób zachowujących się agresywnie ma rozmaite uszkodzenia mózgu.

Jednym z metali, który bardzo negatywnie działa na tkankę mózgową jest **ołów**. Pierwiastek ten unieczynnia działający w mózgu enzym oraz jest biochemicznym antagonistą magnezu, słusznie obdarzanym mianem pierwiastka niezbędnego dla życia (pierwiastek ten jest aktywatorem ok. 300 reakcji enzymatycznych, a warunkuje przebieg ok. 100).

Większość ołowiu pochodzi z motoryzacji (ponad 90%), szczególnie groźny jest środek przeciwstukowy, bowiem jest wchłaniany nie tylko drogą oddechową, ale też poprzez skórę. Oprócz tego, oczywiście dostarczany jest ołów z roślinami, które go wchłonęły, a rosły np. przy drodze szybkiego ruchu. Tu, niestety, mamy przykrą zależność. Rośliny liściaste i część korzeniowych, czyli te, które mają bardzo dużą wartość witaminową i mineralną, najbardziej chłoną ołów i kadm – drugi pod względem zagrożenia metal ciężki. Na pocieszenie dodam, że warzywa strączkowe i dyniowate są najmniej podatne na skażenie metalami ciężkimi.

Wróćmy do naszych baranów jak mówią Francuzi, czyli do skutków działania ołowiu. Dzieci na skażenie ołowiem reagują początkowo nadmierną aktywnością ruchową, trudnościami w koncentracji, gadulstwem i nadmiernym pobudzeniem, potem następują zaburzenia odbioru wrażeń, nadmierna agresja, małe zainteresowanie otoczeniem i opóźnienie rozwoju psychicznego. Te same objawy obserwujemy u osób dorosłych, przy czym szczególnie groźny jest tu wysoki poziom agresji, a także zanik uczuć wyższych.

Wchłanianie ołowiu jest znacznie zawyżone, jeśli w pożywieniu występują braki składników mineralnych i witamin, a zwłaszcza przy niedoborze w żywieniu magnezu, wapnia, cynku oraz witamin grupy B i wit. C.

Wysokotoksycznym, a właściwie nieusuwalnym z organizmu pierwiastkiem jest **kadm**. Kumuluje się on głównie w wątrobie i nerkach. Jest wchłaniany z gleby i zatrzymywany przez rośliny uprawne. Powszechnym źródłem kadmu są zanieczyszczone nim nawozy fosforowe oraz wykorzystywane do nawożenia odpady pozostające po przetwórstwie ścieków. Z działaniem toksycznym kadmu związane są choroby nerek, choroby sercowo-naczyniowe, nadciśnienie i miażdżyca oraz zaburzenia przyswajania wapnia i witaminy D. Przenikając do płodu jest potencjalnym teratogenem. Sprzyja również powstawaniu nowotworów.

Następnym po ołowiu pierwiastkiem działającym toksycznie na korę mózgową jest **rtęć**. Źródłem zanieczyszczeń tym metalem jest produkcja baterii, sody kaustycznej, chloru, ługu, farb, przyrządów pomiarowych oraz zapraw nasiennych zawierających rtęć. Najbardziej toksyczna jest metylortęć – produkt przemian rtęci w środowisku, odkładana w mózgu i innych tkankach ośrodkowego układu nerwowego. Powoduje ona nieodwracalne zmiany, z porażeniem układu nerwowego (niemowlęta) i zaburzeniami psychicznymi włącznie. Bardzo często bywa, że poziom metylortęci bezpieczny dla kobiety dorosłej jest zagrożeniem dla jej płodu, a niestety, trudno to wcześniej stwierdzić. Przed szkodliwym działaniem rtęci i jej związków chroni spożywanie **selenu**.

Pierwiastek ten chroni również przed nowotworami i mikotoksynami, znajdującymi się w spleśniałej żywności. Należy pamiętać przy tym, że mikotoksyny są odporne na obróbkę cieplną i po przetwórstwie występują w gotowym produkcie, czyli lube zwierzątka karmione spleśniałą paszą, na przykład chlebem, gromadzą mikotoksyny w jajach, mleku i mięsie. Nie polecałabym również praktyki polegającej na przesmażaniu spleśniałych dżemów, bo mikotoksyny pozostają – no chyba, że marzy nam się kariera Lukrecji z rodu Borgiów. Najczęściej porażane mikotoksynami są zboża, ziemniaki (zaraza ziemniaczana), orzeszki ziemne oraz pasze i tytoń.

Mikotoksyny oprócz uszkodzeń mózgu powodują również zwiększoną podatność na nowotwory (białaczki, raki wątroby, nerek, mięsaki) i uszkodzenia układu sercowo-naczyniowego.

Do długiej listy szkodliwie działających substancji można też dopisać niektóre **środki ochrony roślin**. Chociaż DDT, jako substancja rakotwórcza, został wycofany z użycia w rolnictwie większości krajów, to wciąż jego pozostałości występują w glebie i co za tym idzie w żywności. Ponieważ rozkłada się on raczej wolno jest szansa, że za sto lat nadal jego ślady będą w tkance tłuszczowej ludzi i zwierząt. Obecnie stwierdza się jego pozostałości u antarktycznych pingwinów – to à propos tego, że przecież mnie zanieczyszczenie środowiska nie dotyczy, bo mam domek letniskowy w Borach Tucholskich. DDT jest, podobnie jak szereg innych szkodliwych związków kumulowany w tkance tłuszczowej. Pestycydy – środki ochrony roślin pozostają nie tylko w roślinach, przy uprawie, których były stosowane, ale są też przenoszone z wiatrem na sąsiednie uprawy, przenikają do gleby i potem do innych roślin uprawianych na danym miejscu, znajdują się w wodzie, co stwarza szczególne niebezpieczeństwo ze względu na zdolność organizmów wodnych do wielokrotnej koncentracji substancji szkodliwych (tak dzieje się również ze związkami rtęci – przysłowie zdrowy jak ryba w świetle tego traci cokolwiek na aktualności).

Obok toksycznego działania na organizm, pestycydy powodują też obniżanie zawartości szeregu substancji odżywczych w roślinach. Dotyczy to na przykład witaminy C, fruktozy i glukozy, skrobi i białka.

Następnym źródłem bardzo szkodliwych związków są **nawozy azotowe**. Przy nadmiernym nawożeniu, które niestety jest stosowane, by osiągnąć zwiększenie plonów, w roślinach stwierdza się podwyższony poziom azotanów. Pod wpływem bakterii redukujących przekształcają się one w azotyny ulegające w organizmie dalszej przemianie w N – nitrozwiązki o działaniu rakotwórczym – krótko mówiąc sami, we własnym zakresie, a właściwie żołądku produkujemy całkiem porządne związki rakotwórcze, tak na marginesie antidotum jest prawidłowo parzona – co podkreślam nie wężykiem tylko zgoła anakondą – zielona herbata. Same azotyny mogą przez połączenie się z hemoglobiną powodować zatrucia niemowląt, a nawet ich zgony. Również żywność konserwowana azotynami (wędliny wędzone i ryby) zawiera te szkodliwe związki.

W rolnictwie używa się dość powszechnie **nawozów fosforowych**. Zwiększenie się poziomu fosforu, który sam w sobie jest jak najbardziej pożytecznym składnikiem, wręcz niezbędnym dla naszego organizmu, powoduje zaburzenie gospodarki wapniowo-fosforowej i odwapnienie organizmu. Jest to niebezpieczne zwłaszcza dla kobiet, bo powoduje szybsze i ostrzejsze objawy osteoporozy. Również w wielu produktach żywnościowych stosuje się związki fosforu jako konserwanty (np. coca–cola, inne napoje).

Nadmiar z kolei potasu dostarczanego w formie **nawozów potasowych** wywołuje obniżenie poziomu magnezu w uprawach, a pierwiastek ten jest nam absolutnie do życia niezbędny i słusznie określany jako metal życia – o czym wspominałam już wyżej.

Kolejnym bardzo szkodliwym czynnikiem są **wielopierścieniowe węglowodory aromatyczne – WWA** (najpowszechniejsze, niemniej nie jedyne źródło to spaliny). Wykazują one dużą aktywność nowotworową. Najwięcej tych związków zawierają rośliny uprawiane przy drogach, zboża, owoce i warzywa suszone w sposób niewłaściwy, wędzone artykuły spożywcze – makrela wędzona, szproty, zacna szyneczka, no i potrawy pieczone na grillu.

I tu, niestety, narażę się zwolennikom otrąb. Są one bardzo zdrowe, ze względu na zawartość błonnika, niemniej jednak, jeśli pochodzą z ziarna suszonego metodą bezprzeponową, to są świetnym źródłem ołowiu i WWA (wielopierścieniowych węglowodorów aromatycznych), no a jeszcze do tego, gdy pólko było przy trasie typu Wrocław–Katowice – sami Państwo rozumiecie. Pomijam już fakt, że doprawdy są sympatyczniejsze i przede wszystkim znacznie smaczniejsze metody dostarczania właściwej ilości błonnika w pożywieniu.

Ażeby być bezstronną, poznęcam się nad zwolennikami potraw z grilla, których to można spotkać jak Polska długa i szeroka, ze szczególnym uwzględnieniem weekendów, kiedy to każdy prawdziwy Polak wyjeżdża na łono przyrody, by skonsumować przysmaki z grilla. Potrawy z tegoż zawierają szereg rakotwórczych substancji, a ich negatywne działanie jest potęgowane przez równoczesne picie alkoholu oraz, nie da się ukryć, raczej nikłą obecność roślinek mogących zniwelować szkodliwe działanie wyżej wzmiankowanych. Moją radą jest – zabierz ze sobą surówkę z warzyw z rodziny krzyżowych (czyli kapusty i roślin rzepowatych) na bazie jogurtu lub kwaśnego mleka, posypaną obficie wszelką zieleniną.

Związkami o bardzo wysokiej toksyczności, kancerogennymi i powodującymi również zmiany genetyczne są **dioksyny**. Są one produktem ubocznym przy produkcji chlorobenzenów oraz występują przy spalaniu śmieci, gdy spalarnia nie ma urządzeń zabezpieczających przed przedostawaniem się tych związków w powietrze. Związki te mogą być również zanieczyszczeniem niektórych herbicydów czyli środków do zwalczania chwastów.

No i na koniec nie należy zapominać o zagrożeniu dość powszechnym, jakim są związki chemiczne przenikające z naczyń i opakowań do żywności. Szczególne „zasługi" w tym względzie mają **tworzywa sztuczne**. Stąd apel o używanie naczyń plastikowych do tych rodzajów żywności, do których zostały przeznaczone. Tak więc „moda" na tworzywa ekologiczne w gospodarstwie domowym, która jest coraz bardziej powszechna, bierze się z dobrze pojętej troski o zdrowie swoje i rodziny.

Wszystkie wymienione przeze mnie do tej pory substancje czy to metale ciężkie (ołów, rtęć, kadm), czy mikotoksyny, czy wreszcie rozmaite środki używane w rolnictwie, przemyśle spożywczym czy też występujące jako produkt uboczny procesów przemysłowych mają jedną cechę wspólną: szkodzą. Mogą powodować ostre objawy zatrucia bądź też podostre, objawiające się po nawet dość długim czasie, lub też dające ogólne pogorszenia samopoczucia, co jest interpretowane bardzo często jako zmęczenie, przepracowanie, starość itd. Działanie toksyczne opisanych przeze mnie substancji (wybrałam najszkodliwsze) polega na aktywacji substancji działających nowotworowo, na wywoływaniu chorób nowotworowych, na działaniu mutagennym (zmiany w kodzie genetycznym), teratogennym (szkodliwe zmiany anatomiczne płodu lub zarodka). Substancje te powodują też zmiany płodności, wywołują schorzenia alergiczne – niestety, coraz częściej występujące, zaburzenia ośrodkowego układu nerwowego i uszkodzenia narządów wewnętrznych.

Przypominam, że wielu niedogodności unikamy stosując ekologiczne metody uprawy roślin. Wprowadzając rośliny ekologiczne do swego jadłospisu dostarczamy witamin i związków organicznych we właściwych proporcjach, jak i ograniczamy dostęp substancji szkodliwych.

Po tych dość ponurych rozważaniach, zapewniam przy okazji, że nie mam na drugie imię Kasandra, przystępuję teraz do bardziej optymistycznej części wypowiedzi.

Otóż, choć prawdą jest, że życie jest chorobą śmiertelną (każdy wcześniej czy później umiera), a niektórzy twierdzą, że karą za życie jest śmierć, to niewątpliwie korzystniej jest umrzeć zdrowszym.

Znaną prawdą jakkolwiek niedocenianą, podobnie jak wszystkie prawdy oczywiste jest: **lepiej zapobiegać niż leczyć**. Dlatego **profilaktyka żywieniowa** od najmłodszych lat jest tym środkiem, który może zmniejszyć zachorowania w późniejszym wieku zarówno na choroby cywilizacyjne jak i podnieść odporność na choroby infekcyjne i ogólnie podwyższyć poziom zdrowia, przy czym to ostatnie – w każdym wieku.

Do profilaktyki żywieniowej możemy zaliczyć różnorodne działania takie jak: zdobywanie wiedzy na temat żywienia, orientowanie się w planach inwestycyjnych dotyczących naszej okolicy, znajomość zagrożeń ekologicznych, a wreszcie wprowadzanie w życie zasad oszczędzania energii, wody, zagospodarowania surowców wtórnych. Dotyczy to też informacji na temat składników odżywczych, na temat zapotrzebowania na te składniki, jak i prawidłowego sporządzania posiłków, planowania jadłospisów, orientacji w dziedzinie fizjologii żywienia, informacji o składnikach dodatkowych w żywności i o zagrożeniach powodowanych przez substancje szkodliwe, a na koniec dodam – kupowania odpowiednich produktów, w prawidłowych opakowaniach, popierania producentów żywności ekologicznej.

Jest to bardzo istotne zwłaszcza dla osób przebywających w dużych miastach, na terenach, na których jest duża koncentracja przemysłu, mieszkających przy ruchliwych drogach. Dla nich wiedza ta jest niezbędna, ponieważ daje możliwość planowego i świadomego dbania o zdrowie.

Zazwyczaj starość kojarzymy ze spadkiem zdolności intelektualnych i fizycznych oraz w ogóle jakichkolwiek. Jest to nieprawda! **Starość nie jest chorobą,** dolegliwości jej towarzyszące to efekt wielu lat kumulowania w organizmie szeregu niekorzystnych substancji, efekt poddawania się wpływom szkodliwych substancji, bez należytego przeciwdziałania, krótko mówiąc – efekt długoletniej działalności przestępczej wobec własnego organizmu. Można bez przesady powiedzieć, że własnymi rękami, oraz w dużej mierze nożem i widelcem przygotowaliśmy sobie wesołe życie staruszki czy staruszka. Dlatego **należy pomyśleć o zdrowiu w perspektywie lat**, by nie okazało się, że jesteśmy coraz słabsi, coraz mniej odporni, a ulubionym tematem rozmów w gronie rodziny i znajomych są dolegliwości zdrowotne i wizyty u kolejnych lekarzy oraz omawianie skuteczności kolejnych diet i metod terapii „mniej konwencjonalnej".

W tej książce przedstawiłam jak **rośliny**, których prawie nie zauważamy, czasem uważamy za uciążliwe chwasty lub też tylko za ozdobę ogródka, **mogą nam pomóc w utrzymaniu 120% witalności i energii oraz w pozbyciu się istniejących schorzeń.**

Bardzo duża prawda tkwi w powiedzeniu – cudze chwalicie, swego nie znacie – mamy szereg bardzo cennych roślin, ale, cóż, egzotyka kusi – lepiej brzmi uzupełnianie braku potasu bananem niż ziemniakiem, nieważne, że ten ostatni zawiera go dużo więcej.

Jest więcej takich przykładów – ot choćby rewelacyjna soja – czy ktoś zna nasz fantastyczny bób, pomocny w chorobach degenerujących tkankę mózgu?

Z wykorzystaniem roślin do przygotowania potraw wiążą się jeszcze inne zagadnienia. Często zdarza się, że odrzucamy jadalne części roślin tylko z powodu nieznajomości tego, co w sobie zawierają zamiast wykorzystać to, czym natura hojnie nas obdarza.

Prosty szacunek dla podtrzymujących nasze życie istot, czy będą to rośliny czy zwierzęta wymaga, by **nie marnować niczego, co można zużyć**, a tym bardziej by nie wyrzucać potraw, w których jest dodatkowo zawarta energia. Jeżeli mamy możliwość to odpady organiczne kompostujmy, najlepiej dodając dolomit (odkwaszamy glebę i wzbogacamy w magnez), a potem nawożąc działkę czy ogród. Starajmy się w mieszkaniach uprawiać rośliny korzystnie oddziałujące na mikroklimat pomieszczenia i nam przyjazne.

Obecnie bardzo często kupujemy rośliny egzotyczne nie zawsze znając ich właściwości Tymczasem większość z nich pochodzi z ekosystemów, gdzie jest duża konkurencja, bądź odwrotnie, gdzie przetrwanie z uwagi na ekstremalne warunki jest bardzo trudne. W związku z tym rośliny te mają własne strategie przetrwania i na przykład wiele z nich wydziela toksyczne substancje, bądź zawiera je w liściach czy owocach. Może powodować to problemy, gdy w domu są małe dzieci chętnie dotykające i próbujące wszystkiego, jak również, gdy w pomieszczeniu mamy sporo roślin wydzielających toksyczne substancje lotne mogące źle wpływać na nasze samopoczucie, a nawet powodować alergie. Należy też pamiętać, że rośliny wzbogacają w tlen pomieszczeniach tylko w dzień, dzięki procesowi fotosyntezy, natomiast w nocy tlen zużywają, toteż nasza sypialnia nie powinna przypominać oranżerii, bo będzie nam się źle spało.

Nasze istnienie, podobnie jak wielu innych stworzeń na tej planecie, jest zależne od roślin i mam nadzieję, że ta książka przybliżyła przynajmniej niektóre z tych fascynujących istot, pomoże w zrozumieniu ich różnorodności i wywołała podziw dla przebogatej apteki natury, gdzie wszystko ma swój cel, gdzie możemy szukać antidotum na rozliczne niedomagania, pod warunkiem, że będziemy znać i szanować zależności wiążące roślinę i jej środowisko bioklimatyczne.

INDEKS SCHORZEŃ Z ODNIESIENIAMI DO PRZEPISÓW POMOCNYCH W ICH LECZENIU

N

O

P

R

S

Ś

U

W

Z

INDEKS PRZEPISÓW I ZASTOSOWANIA ROŚLIN JADALNYCH

WARZYWA CEBULOWE

1. Syrop z cebuli
2. Zupa z cebulą
3. Sos jogurtowo-czosnkowy

Surówki z sosem jogurtowo czosnkowym:

4. Surówka z kapustą lub jarmużem
5. Surówka z marchwią i kapustą
6. Surówka z burakiem i kapustą
7. Surówka z selerem lub korzeniem pietruszki
8. Pory po grecku
9. Masło siedmiolatkowe

WARZYWA DYNIOWATE

10. Zupa z dyni z kaszą jaglaną
11. Kabaczek faszerowany jarzynami
12. Cukinia duszona
13. Sałatka letnia z ogórkiem
14. Napój ogórkowy

WARZYWA KAPUSTNE

Sosy do surówek z warzyw kapustnych:

15. Sos jogurtowy

16. Sos pomidorowy pikantny
Surówki z warzyw kapustnych
17. Surówka z kapustnych z sałatą i rodzynkami
18. Surówka z kapustnych z selerem
19. Surówka z kapustnych z rzodkiewką i sałatą
20. Surówka z kapustnych z pieczarkami, ogórkiem kiszonym i pomidorami
21. Surówka z kapustnych z zieloną papryką
22. Surówka z kapustnych z zielonym ogórkiem
23. Surówka z kapustnych z korzeniem pietruszki lub pasternakiem i kiszoną kapustą
24. Półsurówka z kapustnych z sałatą i jajkami na twardo
25. Kapuśniak mazurski
26. Brokuł w „koronce"
27. Brukselka duszona
28. Surówka z jarmużu (z kiszonymi)
29. Zupa z kalarepy z lanymi kluskami
30. Kalafior w cieście
31. Pomidory faszerowane kapustą

WARZYWA KORZENIOWE I RZEPOWATE

32. Marchewka duszona pikantna
33. Buraczki à la Absalon
34. Surówka z rzepy z winogronami
35. Surówka z rzepy z pomidorami
36. Zupa z brukwi
37. Zapiekanka z korzenia pasternaku
38. Sałatka z pasternakiem
39. Surówka detoksykacyjna
40. Surówka z selera
41. Twarożek rzodkiewkowy
42. Surówka żółciopędna

WARZYWA LIŚCIOWE

43. Zapiekanka z buraka liściowego
44. Surówka z cykorii z marchwią
45. Sos koperkowy na zimno
46. Sos koperkowy na gorąco
47. Masło koperkowe
48. Masło pietruszkowe
49. Koktajl pietruszkowy
50. Sos pietruszkowy na zimno
51. Twarożek z rzeżuchą
52. Chłodnik letni z sałatą
53. Chłodnik letni z sałatą i ogórkami małosolnymi
54. Półsurówka z sałatą
55. Zupa szczawiowa uniwersalna
56. Pasta jajeczna ze szczypiorkiem
57. Pasta ze świeżego bobu i szczypiorku
58. Szpinak z czosnkiem

OWOCE

59. Brzoskwinie nadziewane
60. Kompot z gruszek
61. Surówka morelowa
62. Jabłka pieczone z dżemem
63. Twarożek malinowy
64. Pigwa do II dania
65. Koktajl agrestowy
66. Chłodnik z czarnych jagód
67. Brusznica do mięsa
68. Sos z czarnej porzeczki
69. Kisiel z porzeczek mieszanych
70. Truskawki/poziomki w sosie jogurtowym
71. Owoce aronii w soku własnym

72. Mus żurawinowy
73. Śliwki w cieście
74. Kompot z wiśni przeciwinfekcyjny
75. Musli nasercowe (z czerwonymi winogronami)

ROŚLINY PSIANKOWATE

Papryka faszerowana na zimno:
76: Papryka z chudym twarogiem
77. Papryka z tuńczykiem w sosie własnym
78. Papryka z tartym selerem
79. Papryka z kalafiorem lub brokułem
80. Papryka z pieczarkami i wędliną drobiową
81. Szaszłyki warzywne
82. Sałatka z tuńczykiem i pomidorami
83. Kluski szwabskie

WARZYWA STRĄCZKOWE

84. Mefarka
85. Zupa z soczewicy
86. Pasta fasolowa
87. Zupa mleczna z mleka sojowego zrównoważona energetycznie
88. Groch z kapustą

ZBOŻA

89. Kasza jaglana z warzywami
90. Kasza jaglana na sypko
91. Kaszka kukurydziana na gęsto
92. Kasza jęczmienna na sypko
93. Krupnik jęczmienny
94. Owsianka pikantna
95. Owsianka słodka
96. Gołąbki à la Puchacz

KALENDARZ

Alfabetyczny indeks przepisów

ODMŁADZAJĄCE ZIOŁA

dr Teresa Lewkowicz-Mosiej

Autorka tej publikacji prezentuje całą gamę roślin, które mają właściwości lecznicze i odmładzające. Ten poradnik przybliży Ci ich zastosowanie w zależności od indywidualnych potrzeb. Dolegliwości, które wpływają na proces starzenia są związane z przemianą materii, odkładaniem się złogów wapnia i cholesterolu oraz nadmierną wagą. Pomocny w takich przypadkach jest kminek zwyczajny i melisa lekarska. Natomiast wyciąg z szyszek chmielowych obniża ciśnienie i oczyszcza układ krwionośny. Z wiekiem możemy również tracić sprawność psychiczną, a nawet mieć stany depresyjne. Herbata z dziurawca skutecznie poprawi pamięć i załagodzi stres. W tym poradniku znajdziesz także wiele innych sposobów na pozbycie się dręczących Cię dolegliwości i chorób. Czas na naturalną młodość!

JADALNE ROŚLINY DZIKO ROSNĄCE

S. G. Fleischhauer, J. Guthmann, R. Spiegelberger

W przyrodzie występuje szeroki wybór dziko rosnących roślin jadalnych. Mogą one wzbogacić nasz jadłospis i charakteryzują się wysoką zawartością cennych substancji odżywczych i leczniczych. Obecnie w zdecydowanej większości stanowią one pożywienie, którego nigdzie nie można kupić, które możesz sam nazbierać, przyrządzić i delektować się ich smakiem. Książka ta jest łatwym w zastosowaniu przewodnikiem. Znajdziesz w niej informacje o 200 najważniejszych i najbardziej u nas rozpowszechnionych dziko rosnących roślinach jadalnych wraz z ich ilustracjami. Uzyskasz szczegółowe dane dotyczące tego, jakie części roślin można zbierać o danej porze roku i w jaki sposób je wykorzystać. Nauczysz się także rozpoznawać trujące rośliny, które można pomylić z jadalnymi. Zdrowie i smak z natury.

ZAMÓW JUŻ TERAZ — TO TAKIE PROSTE

www.wydawnictwovital.pl tel: 85 654 78 35

ZDROWIE W 7 DNI

dr Raimund von Helden

Witaminę D nasz organizm wytwarza pod wpływem promieni słonecznych. W strefie klimatycznej, w której żyjemy, jedynie latem możemy naturalnie uzupełnić tę witaminę w organizmie, dlatego wszyscy jesteśmy narażeni na jej niedobór. Może się on objawiać chronicznym zmęczeniem, osłabieniem i bólem głowy. Niedobór utrzymujący się dłuższy czas, podnosi ryzyko pojawienia się nadciśnienia, cukrzycy, osteoporozy, a nawet raka. Autor jest lekarzem i podczas swojej wieloletniej praktyki opracował prostą w zastosowaniu i tanią terapię przywracającą zdrowie. W książce prezentuje 7-dniową kurację, która pomoże Ci samodzielnie uzupełnić witaminę D, a dzięki temu nie tylko przezwyciężysz codzienne dolegliwości, ale również całkowicie pozbędziesz się ich przyczyn. Witamina nie tylko ze słońca.

MAGNEZ DLA ZDROWIA

dr Carolyn Dean

Magnez określany jest pierwiastkiem życia, ponieważ jest niezbędny do prawidłowego funkcjonowania całego organizmu. Pełni ważną rolę, zarówno w profilaktyce, jak i w leczeniu poważnych schorzeń, takich jak: choroby serca, udar mózgu, osteoporoza, cukrzyca, otyłość, zapalenie stawów czy astma. Jest jednym z minerałów, który odpowiada za zdrowie zębów i kości. Aktywuje ponad 300 enzymów. Wzmacnia koncentrację i pomaga jaśniej myśleć. Dzięki tej książce dowiesz się jakie produkty powinieneś spożywać, a których unikać, aby uchronić się przed jego niedoborem. Odkryjesz nowe, skuteczniejsze metody przyswajania magnezu oraz poznasz oryginalny plan żywieniowy bogaty w ten składnik. Ponadto dowiesz się jaki związek występuje pomiędzy magnezem a otyłością. Magnez pierwiastkiem życia.

ZAMÓW JUŻ TERAZ TO TAKIE PROSTE

www.wydawnictwovital.pl tel: 85 654 78 35

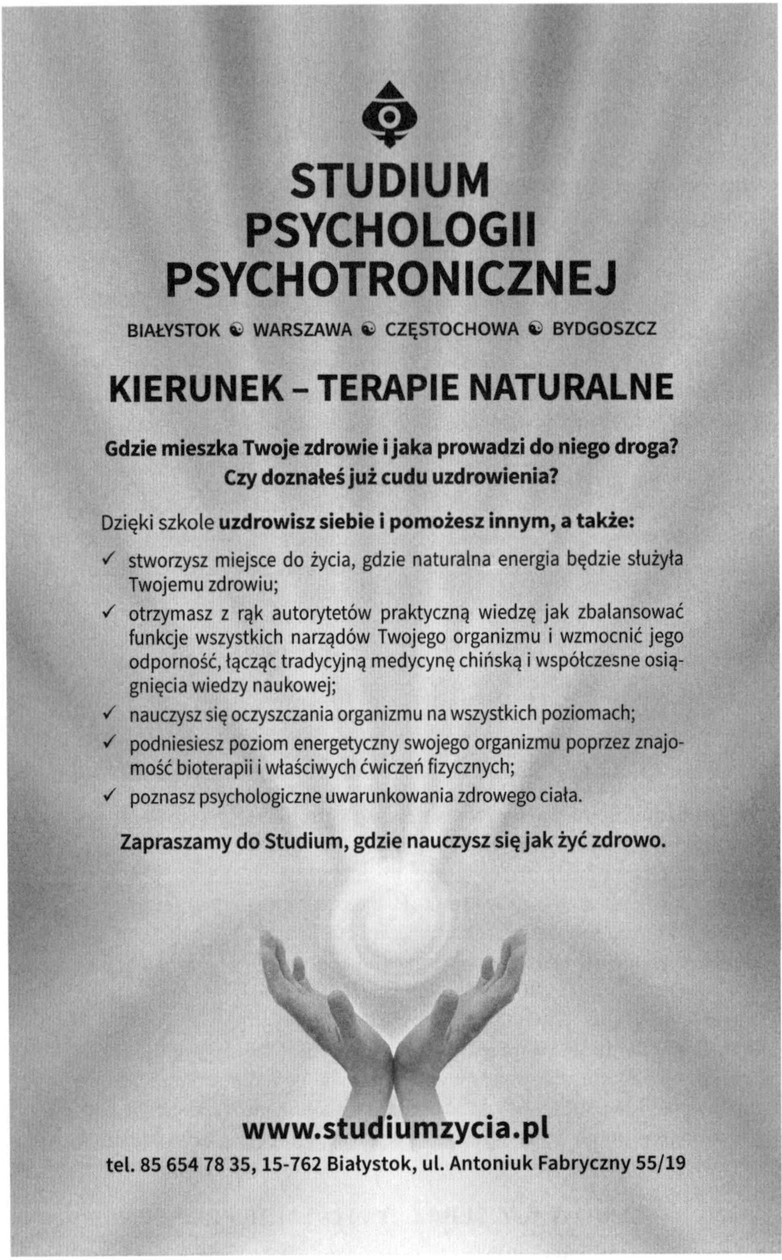
STUDIUM
PSYCHOLOGII
PSYCHOTRONICZNEJ
BIAŁYSTOK WARSZAWA CZĘSTOCHOWA BYDGOSZCZ
KIERUNEK – TERAPIE NATURALNE
Gdzie mieszka Twoje zdrowie i jaka prowadzi do niego droga?
Czy doznałeś już cudu uzdrowienia?
Dzięki szkole uzdrowisz siebie i pomożesz innym, a także:
✓ stworzysz miejsce do życia, gdzie naturalna energia będzie służyła Twojemu zdrowiu;
✓ otrzymasz z rąk autorytetów praktyczną wiedzę jak zbalansować funkcje wszystkich narządów Twojego organizmu i wzmocnić jego odporność, łącząc tradycyjną medycynę chińską i współczesne osiągnięcia wiedzy naukowej;
✓ nauczysz się oczyszczania organizmu na wszystkich poziomach;
✓ podniesiesz poziom energetyczny swojego organizmu poprzez znajomość bioterapii i właściwych ćwiczeń fizycznych;
✓ poznasz psychologiczne uwarunkowania zdrowego ciała.
Zapraszamy do Studium, gdzie nauczysz się jak żyć zdrowo.
www.studiumzycia.pl
tel. 85 654 78 35, 15-762 Białystok, ul. Antoniuk Fabryczny 55/19